JN046835

打ち返す力

最強のメンタルを
手に入れろ

水谷隼

KODANSHA

打ち返す力
最強のメンタルを手に入れろ

目次

第2章　勝利からの逆算法　53

第3章　お金が人間を自由にする　85

第4章　成果を掴む人間関係　111

第5章　茨の道を怖れない　135

イラストレーション　髙橋ツトム
ブックデザイン　鈴木成一デザイン室

打ち返す力

最強のメンタルを手に入れろ

はじめに

足がガクガク震えていた。ただ立っているのすらつらい。

小さい頃から夢にまで見てきたオリンピックの金メダルが、すぐそこにある。手に届く位置に見えている。だが卓球王国・中国のスーパープレーヤーは、ここからいくらでも追い上げて迫ってくる。今までだって、あと一息のところまで追い詰めたのに、彼らのせいでさんざんな目に遭ってきたではないか。

「どうせ駄目だ。今回だって、あの中国人選手に勝てるわけがない」

弱気は最大の敵だとわかっているのに、悪魔のささやきが耳にこだまする。

２０２１年７月26日、私は東京体育館で混合ダブルスの決勝戦を戦っていた。相手は中国の許昕・劉詩雯ペアだ。勝負は最終第７ゲームに突入していた。

私の相棒は伊藤美誠だ。序盤戦こそ伊藤選手らしからぬミスも見られたが、このゲームでのラケットさばきはそれまでとは別人のように冴え渡っていた。何をどこに打ってもハマる状態が続き、得点差はあっという間に8―0に開いた。

中国チームとて、このまま易々と金メダルを引き渡すタマではない。8―2、9―5とジリジリと点差を戻してくる。それでも、あと2点取れば試合に勝てる。ここまでくれば、勝利を手にしたも同然と思うかもしれない。

卓球はそんなに甘くはない。そこから競りに競ってどんどん相手が追い上げ、デュースに追いつかれることはいくらでもある。わずかでも「この勝負、もらった」と慢心した瞬間、「目の前にいる相手を叩き潰してやる」と闘志に燃える敵にしてやられる。それが卓球の恐ろしさであり、おもしろさでもある。

「ヤバい。これはまずいぞ……」

9―5に追い上げられた瞬間、「悪い夢のようだ。ああ、9―2にもう一回時間を巻き戻してくれないかな……」と本気で願った。

そのとき奇跡が起きた。伊藤選手が逆チキータをかますと、わずかにボールがネットにかすって敵陣に入ってくれたのだ。卓球台の角にボールが当たるエッジボールやネットインは、敵からやられると心がボキッと折れる。卓球は心理戦であるとともに、運の要素も強い競技だ。卓球の神様が伊藤選手に味方してくれた。今まで数知れず味わってきた試合中のアンラッキーを、この一発でまとめて挽回した気がした。

卓球の神様は、伊藤選手と私に勝ってほしいと最後の最後で味方してくれたのだ。

本書は、私が一般読者向けに記した初めての著書だ。これまで出版してきた3冊の本は、卓球経験者向けに専門的な技術論にも触れている。この本は、卓球の経験がまったくない一般読者を想定して書き下ろした。中高生や就職活動中の学生、ビジネスパーソンなど、幅広い読者に本書を読んでもらいたい。

卓球という競技は、技術もさることながら心理戦、メンタルの要素が強くモノを言う。試合を通じて相手の心理と戦術を読みこみ、卓球を通じて対話していく。直接言葉を交わすわけではないが、非言語コミュニケーションによって試合中に相手と語り合っているようなものだ。

競技を通じて得た私の経験と卓球哲学は、普遍的な汎用性があると思う。仕事や学業、目の前の課題を「打ち返す力」を身につける。最強のメンタル、鋼のメンタルで武装する。そのためのヒントを提示したつもりだ。

第1章 頂点に立つために

❶ 人がやらないことをやる。

１日でも早く、１秒でも早く実家から飛び出さなければならない。

行き先は首都東京ではない。東京なんてスルーして、海外へ飛び出してしまおう。

ここでくすぶっていたら、自分はつぶれてしまう。卓球人生が終わってしまう。

危機意識に苛まれ、「このままでは死んでしまう」とまで深刻に思い詰めていた。

１９８９年6月、私は静岡県磐田市で生まれた。卓球経験者である両親が「豊田町卓球スポーツ少年団」という卓球教室を開き、５歳からそこで卓球を始めた。全日本選手権の小学生の部で優勝を重ねた私は、中学生になってからも卓球を続けた。

私が中学１年生だった２００２年、坂本竜介さん（現・Tリーグ「T.T彩たま」監督）と岸川聖也さん（北京&ロンドンオリンピック日本代表）がドイツに卓球留学した。２人の先輩の姿を見て「カッコいい。あの先輩みたいになりたい」という強いあこがれの気持ちを抱いた。翌２００３年、「君もドイツで卓球をやってみないか」というオファーを日本卓球協会からいただく。私は日本から脱出することを決めた。

どんな競技のアスリートであっても、14歳という若さで海外留学した人はほとんどいないだろう。中学２年生にして学校にも行かず、勉強を捨ててスポーツだけにひたすら打ちこむ。英語もドイツ語もまったくしゃべれないのに、後先のことをろくに考えずドイツへ渡ってしまう。そんなムチャクチャで向こう見ずな生き方が、単純にカッコいいと思った。後ろ髪を引かれる思いも恐怖心もない。見たことがない新天地で、これから自分は思いきり卓球を始められる。ひたすらワクワクしていた。

普通の家庭では、14歳の少年が「ドイツに行きたい」なんて言ったら大反対されるに決まっている。まわりの親戚や友人知人も引き留めるだろう。自分の子どもが一人でまったく違う世界に行ってしまうことを、私の両親も心配して大反対した。

一つ目の関門は、その両親を説得して自分の思いをわかってもらうことだ。海外旅行に出かけるようなハンパなノリで、ドイツに行きたいと考えているわけではない。強い選手が星の数ほどいるヨーロッパで揉まれながら、朝から晩まで卓球に明け暮れたい。もっともっと強くなり、日本一、世界一の卓球選手になってみせる。強くなるためには、静岡にいてはいけないのだ。必死で両親を説得した。

ドイツ留学1年目は卓球リーグの3部に所属して練習を重ねた。前出の坂本さんや岸川さんたちと同じ家で共同生活を送ったものの、苦労は絶えなかった。中学校で習った英語が少しは通じるのかと思ったら、スーパーマーケットでも駅でもドイツ語しか通じない。片言の英語すら通じない環境で、食べ物や生活必需品の買い物をするにも一苦労だった。

2003年の当時はスマートフォンなんてまだ普及していないし、携帯電話＝ガラケーの時代だ。家にも無線通信のWi-Fiなんて通っておらず、パソコンで調べものをしたいときには電話線を引っこ抜き、「ピ〜〜ヒャララ〜〜」という不快な通信音を聞きながらノロノロ運転でインターネットにつなぐほかない。

同居していた日本人選手の中では、私が最年少だ。電話線を使いたくても、先輩たちに遠慮していつも後回しだった。「当たり前のことが何ひとつできない」。そんな不自由な環境で暮らしながら、ひたすら未来の夢を描き続けた。

野球選手であれば、高校野球の地方大会を勝ち上がって甲子園を目指し、そこからドラフト会議にかけられてプロ野球の世界に入っていく。サッカー選手も強豪中学・高校でプレーし、Jリーグにスカウトされるケースが多い。私のように、中学生のときから海外リーグでプレーするアスリートは少数派だと思う。

なぜあんなにつらくて孤独な生活に、14歳の私が耐えられたのだろう。ここで必死にがんばれば、将来必ず卓球選手として活躍できる。そのとき「14歳でドイツに飛び出したから、自分は今ここまで強くなれたのだ」と胸を張って宣言したかった。

不自由なことだらけで何一つ恵まれておらず、練習は死ぬほどハードで苦しい。試合に出れば、日本ではお目にかかったことのない猛者にコテンパンにのされて、心がへし折れそうになる。14歳の私は、ドイツでは圧倒的に弱い雑魚選手だった。選手の数が奇数だと、一番弱い私は練習相手が誰も見つからず、一人だけ余ってしまう。そんなときはコーチと練習するか、練習場にいる女子選手にお願いして相手になってもらう。情けない限りだが、実力のなさをあらわす厳しい現実だ。

日本式の練習メニューが当たり前で正しいと思っていたら、ドイツでは練習メニューがまったく異なる。「あれ？　ひょっとして日本の卓球のやり方はおかしいのか？」。「日本の常識」が「世界の非常識」であることが歴然とわかった。

これだけ厳しい留学経験を乗り切って強くなれば、試合で勝てるのは当たり前だ。14歳の今の自分は、誰も経験したことがないことを毎日経験している。その自分が、ほかの日本人選手より良い成績を出せるのは当たり前だと思った。

14～15歳というと、精神状態が乱高下する思春期のド真ん中だ。日本で楽しくやっている同世代の少年たちの様子が、まったく心をよぎらなかったわけではない。日本の学園ドラマや映画のＶＨＳやＤＶＤは、一切観られなかった。青春モノのドラマや映画を観れば観るほど、悲しく寂しくなってしまう。そこで描かれているのは、孤独な自分とはあまりにも無縁すぎるバラ色の世界だった。

ドイツ留学と前後して、私は静岡の地元中学校から名門・青森山田中学校へ転校している。14歳で日本を離れてからは、中学校の授業にも卒業式にも出ていない。青森山田高校に進学してからも、始業式や卒業式、修学旅行にも文化祭にも何ひとつ出なかった。20歳の成人式にも参加していない。

卓球で強くなるためには、学校も勉強も遊びも友だちも要らない。余計なしがらみを残酷なまでに全部断ち切って、新天地で勝負を挑む。14歳のときに故郷を捨て、ドイツに飛び出したからこそ、卓球選手・水谷隼の才能が１００％開花した。あのときちょっとでも躊躇して日本に踏みとどまっていたら、私は「そこそこの卓球選手」のままで現役生活を終えていた。ましてやオリンピックで金メダルなんて勝ち取れたはずがない。

誰とも群れず、馴れ合わず、仕事（卓球）の妨げになる負の要因はすべてかなぐり捨てる。自分にとって一番大切なことを守るために、雑音なんて思いきってシャットアウトしてしまえばいいのだ。

❷

才能だけなら
みんな持っている。
続かないだけだ。

子どもの頃から「天才」「神童」ともてはやされる選手は、それこそ何百人と存在する。だが、「天才卓球少女」「天才卓球少年」のうち、今も現役のトップで活躍している選手はたった数人しかいない。99％以上が第一線から脱落し、いつの間にか現役の世界から消えてしまったのだ。

生まれもった才能は間違いなくほかの人よりもズバ抜けているのに、なぜ途中で成長がストップして頭打ちになってしまうのだろう。

第一の理由は、本人の意志の弱さだ。卓球というスポーツは、いざ試合が始まれば誰も助けてくれない。シングルスはたった一人で戦わなければならないし、ダブルスや団体戦であっても、試合に対しての自己管理はしっかりと行わなければならない。厳しい練習メニューを愚直にこなし、サボらない。明確な目標を掲げ、その目標を達成するために必要な課題を一つ一つ確実にクリアしていく。

「あいつは卓球が強い」とまわりから褒めそやされ、そこそこの成績を上げていると、悪魔のささやきに負けて練習をおろそかにするようになる。そうなったら弱くなって結果を出せなくなるに決まっている。

成長がストップする第二の理由は、環境のまずさだ。どれだけ才能があっても、環境がまずいと才能をフルに開花させることができず、強くなれない。地元の中学や高校でトップ選手になれても、県大会やインターハイで他校のトップ選手と対戦すればまるで歯が立たない。私が在籍していた青森山田学園の卓球部には、日本中のトップ選手が入部してきてしのぎを削る。素晴らしい監督やコーチがおり、練習場も充実している。こういう環境で卓球をやれば、もともと強い選手がさらに強くなれる。

せっかく才能があるのなら、思いきって強豪校に国内留学してしまえばいい。あるいは私のように、海外リーグへ進む道もある。意志の弱さを克服し、考えられる最高の環境で思いきり練習に打ちこむ。話はそれからだ。

進学や就職をきっかけに、卓球で結果を出せなくなってしまう選手もいる。中学や高校で良い成績を出すと、有名大学から「ウチの卓球部に来ないか」とスカウトされる。すると「卓球で日本一になる」「世界を目指す」という大目標がかすんで、出世や名声のほうを優先してしまうのだ。「有名大学の卓球部で活躍すれば、安定した大企業に就職できる。そうなれば自分の人生は安泰だ」。そんな考えで卓球をやっているようでは、才能がそれ以上伸びるわけがない。

2018年10月にTリーグ(卓球のプロアマ混合リーグ)ができるまで、日本人選手は「プロ選手としてがんばろう」という目標をなかなかもてなかった。選手の才能が頭打ちになってしまった理由の一つは、プロリーグがなかったせいだと私は見ている。

今は全日本選手権で優勝や準優勝する選手は、「Tリーグでプロになりたい」という目標を抱ける。Tリーグがなかった時代は「卓球を踏み台にして良い企業に就職し、安定したサラリーマン生活を送ろう」という甘っちょろい選手が多かった。「卓球が強くなる」が一番の目標ではなく、卓球は「就職先を勝ち取るための道具」にすぎなかったのだ。頭の中が就職活動でいっぱいになっているようでは、自分の才能はどんどん枯渇していき、一流の卓球選手になれるわけがない。

子どもの頃「天才」と呼ばれ、大人になった今も「天才」と称賛されている人は、消えていった凡百の「元天才」と何が違うのだろう。小さい頃から今に至るまで、一貫して努力を怠らない。大きな大会で結果を出し、トロフィーやメダルを取ろうが、思い上がって自惚れることなく今日も明日も努力を継続する。

もっと言えば、多くの天才が、でなく、すべての天才が漏れなく努力家であると私は思う。圧倒的努力を気が遠くなるほど積み重ね続けた人間が、結果的に天才として生き残るのだ。

❸ 全力は出し切らない。

静岡の実家を出て青森山田学園に転校した当初、練習がキツすぎて音を上げた。朝7時に起きると、まず朝食前の早朝トレーニングを30分こなす。朝7時半にトレーニングが終わったあと、朝ご飯を食べて身支度を整える。そのあと、朝8時20分から11時半まで3時間以上の午前中練習が続く。午後は2時半から夕方6時半までみっちり練習だ。全部合わせると、練習時間は1日7〜8時間に達した。

ドイツに飛び立ったとき「日本と同じくらい練習がキツイ、あるいはもっとキツイかもしれないな……」と覚悟した。だが意外なことに、練習時間は激減した。ブンデスリーガ（ドイツの卓球プロリーグ）では朝9時半に集合し、9時50分から12時まで2時間ちょっと午前中練習をやる。午後は3時半に集合し、夕方6時頃まで2時間練習する。全部で1日4時間程度だから、日本にいたときの半分の練習量だ。

しかもドイツでは、毎日練習が終わるたびに監督が「体調はどうだ。疲れていないか」「明日の練習はどうする?」と声をかけてくれる。

「ちょっと疲れました。明日は休みます」と申し出れば、「そうか。わかった」と何の問題もなく休ませてもらえる。こんなことは、日本では考えられなかった。

日本では監督やコーチが言うことが絶対であって、選手が口ごたえなんてできないことが多い。先輩が練習しているのに、年少者の私だけ「疲れた」と言ってイチ抜けしたら、とんでもない目にあわされるだろう。

今はさすがに同じやり方ではないと思うが、当時の青森山田学園はいわゆる典型的な「体育会系」だった。選手がいくら疲れていようが、毎日同じ練習を同じ時間ひたすらやらされる。体はボロボロに疲れているのに、死ぬほどつらい練習が延々と終わらない。問答無用であって、選手が文句を言うなど論外だ。

日本にいるときは、監督が見ていないときに適度にサボらなければ、とてもやっていけなかった。監督がトイレに行ったとき、監督が席を外しているときは、フルパワーで練習するのをやめて力を抜く。

「ああ、このまま時間だけが過ぎてくれないかな……」と思いながら、体が壊れないようにうまいことゴマかしていた。

1日8時間の練習時間があるといっても、青森山田で実際に本気で練習していたのは正味4～5時間だったと思う。

これはドイツでこなしていた練習時間とほぼイコールだ。すなわち卓球選手が集中してがんばれる練習時間は、せいぜい4～5時間が限界なのだと思う。スポーツ医学を無視した「ひたすら汗をかけ」という非科学的な根性論はナンセンスだと思う。意味がない練習、無駄な練習をダラダラ長時間やったところで、選手としての力量が上がるわけがないのだ。

誤った指導に引きずられ、無批判に従って無駄な練習をするようではいけない。自分の限界値を飛び越えて「無理」「無茶」「無謀」を続けていたら、ある日ポキリと自分が壊れてしまう。

ドイツに行ってすぐに、ドイツの卓球選手が強い理由がわかった。

逆に日本の卓球選手が弱い理由もわかった。

青森山田学園は日本一すごい練習場をもっていて、日本中から強い選手が集まっているのに、なぜ世界で勝てないのか。世界レベルで勝負できない理由は、日本の練習のやり方が根本的に間違っていたのだ。

幸い、私の判断は正しかった。ドイツでの卓球留学によって、すぐに大きな結果を出せた。ドイツに飛んでから半年後の全日本卓球選手権（2004年1月）で、14歳の私はジュニアの部（高校2年生以下）で史上最年少優勝を果たす。一般の部でのベスト16も、史上最年少だった。

自分を限界まで追い込み、徹底的にやり込む。限界を突破するところまで、無理な負荷をかける。「休むのは悪だ」と言わんばかりに、メチャクチャな練習量を選手に課すようではいけない。ましてや体が壊れやすい成長期に無茶な練習をすれば、故障やケガを引き起こし、卓球を続けるモチベーションを失ってしまう。

おもしろいことに、青森山田学園ではマイペースに練習をしていた松平健太選手と私、そして東京オリンピックで団体戦をともに戦った丹羽孝希（にわこうき）選手の3人が一番強くなった。

3人とも、指導者から言われるがままに練習をやりまくっていたわけではない。「この練習は必要ないな」と思ったときには、他人の言うことなんて聞かずサボる。意味のない場面では、適度に力を抜く。

世渡りのうまさも、ときには必要なのだ。

なお私は、2008年から2011年まで中国の超級リーグ（プロリーグ）でプレーしていた。世界の頂点に立つ卓球王国の練習のやり方は、ドイツとは対照的だった。中国では、ものすごい努力を長く続ける。中国流の指導法によって、一流選手をさらに一流に磨き上げようとしていた。

中国人選手が国際大会で圧倒的な結果を出している事実を見ると、このやり方はこのやり方で一理あるのだろう。ただ、ものすごい負荷をかけても壊れない選手は、本当に一握りだけであると思う。

ときには力を抜き、全力を出し切らない。第一線で長く戦い続けるため、ときにはサボることも一つの智慧なのだ。

④

すべての時間は自分のために使う。

中国の超級リーグに加入した1年目（2008年）、同じチームに馬琳というすごい選手がいた。彼はアテネオリンピック（2004年）のダブルスで金メダルを獲得し、北京オリンピック（2008年）ではシングルスと団体で二つの金メダルを獲得している。名実ともに世界一のトップ・オブ・トップだ。

馬琳選手ほど図抜けて自己中心的な人物に、私は今まで出会ったことがない。チームメイトのために自分の時間を譲ってあげたり、ほかの選手やスタッフに協力してあげるどころか、彼はすべての時間を自分のためだけに余さず使っていた。

まず第一に、彼は必ずと言っていいほど練習に遅刻してくる。車で移動するときも、約束の時間どおりに来たことは一度もない。遅刻して人を待たせているのに我が物顔で平然とやってきて、「じゃあ行こうか」と自分のペースでゴーサインを出す。

練習のスタート時間だけでなく、終わりの時間も特に決まっていない。自分がやりたいように自由に練習して、気が済んだら自由に練習を終える。相手はオリンピックチャンピオンだから、ほかの選手やスタッフは馬琳選手に従うしかない。本人はストレスを1ミリも感じず、毎日とても満足した様子で生活していた。

卓球に限らず、〝ジコチュー〟の人は日本ではとても嫌われる。

しかし中国では、馬琳選手はあまりにも飛び抜けて強かったので、いくらジコチューでも許された。誰も真似ができない圧倒的な結果を出しているから、素行や人間性に問題があっても、みんな彼についていく。日本では一度も出会ったことのない、際立ったオレ様個性だ。「オリンピックチャンピオンはハンパではないな……」と間近で見ていて驚いた。

すぐに練習をスタートできるコンディションではないのに、無理して早起きして定刻どおりに集合する。その場の空気を読んで、我が物顔では振る舞わない。そんなふうにまわりの人にヘコヘコ気を遣っていたら、馬琳選手は世界最強にはなれなかったかもしれない。

たとえジコチューな悪童だと思われようが、自分が強くなるためだけのことをする。人から嫌われようが意に介さず、最先端の道を歩む。中国でトップに立つ卓球選手は、皆同じような性格的側面がある。馬琳選手のあとに出てきた張継科選手（ロンドンオリンピックでシングルス金メダル）や王皓選手（同銀メダリスト）も、人をアゴで使うところがあった。

どこへ移動するにも、彼らのまわりには常にボディガードのように2～3人の選手が同行している。ペットボトルがほしいときにも、練習のアシスタントがほしいときにも、「付き人が自分を補佐するのは当たり前」という様子でこき使っていた。

ただしアゴで使われている人は、それをうれしがっているフシがある。なにしろ付き人として同行していれば、オリンピックチャンピオンの練習風景や日常生活における所作をずっと観察できる。いったいどうすればこんなに卓球が強くなるのか。私もそばにくっついてじっと見ていたいと思ったくらいだ。

「お前はこれをやっておけ」と人をアゴで使い、自分が強くなるために他人の手を遠慮せず借りる。「さすがチャンピオンはすげえな。カッコいいな。ああいう振る舞いが許されるくらい、自分も強くなりたい」と強く思った。

リオオリンピック（２０１６年）の前後の時期は、私も中国人選手を見習ってときどきジコチューに走るようになった。ナショナルチームのウォーミングアップや筋力トレーニングは、全員一緒にやるのが基本だ。チームにお願いして、私だけがこれらのメニューを個別にこなすことを認めてもらった。

東京オリンピックの事前合宿では、ナショナルチームが全員で週2回ウェイトトレーニングをやっていた。このときも私だけ団体行動から外れて、別の日にトレーナーとマンツーマンでウェイトトレーニングをやっている。

集団行動を無視して自分だけ融通をきかせてもらうのは、日本的なやり方ではない。でもそうしたほうが、メンタル&フィジカルの両面で集中して体を仕上げ、ベストコンディションで本番に臨めると思った。

ドイツのブンデスリーガでも、選手が自己中心的であることに驚いた。

監督が絶大な権力者である日本では、選手は絶対に逆らえない。でもドイツでは、選手と監督が毎日当たり前のようにケンカしていた。

「もうここで練習なんてできない。オレは帰る！」

と選手がブチギレて、監督がなだめるシーンをよく見た。

「なんだこれは！」とビックリして、頭をぶん殴られたようなカルチャーショックを受けた。

実際に試合に臨むのは、監督でもコーチでもない。彼らよりも若い選手だ。

だからドイツでは、監督やコーチよりも選手のほうが立場が強かった。コーチから指示されても、それが違うと思えば「オレはこうやりたい」と自己主張して修正をかける。監督は選手の意向に耳を傾け、上から命令を押しつけずサポートに努めていた。

10代の頃からヨーロッパ流のやり方に慣れてきたから、私もコーチと言い争ってトラブル寸前になったり、監督に自己主張を強くぶつけたことが何度もある。

結果を出すためのジコチューなら、堂々と貫き通せばいい。監督やコーチからそのとき「生意気なヤツだ」と思われても、結果さえ出せば結果オーライなのだ。

❺ 強い者がマネされるのは当たり前だ。

世界トップでありながら、練習量がきわめて少ない選手が稀にいる。ドイツのティモ・ボル選手がその一人だ。

東京オリンピックの男子団体準決勝で、日本はドイツと対戦した。この試合に勝てば日本は金メダルか銀メダルをねらえたのに、丹羽孝希選手と私のダブルスはパトリック・フランチスカ選手&ティモ・ボル選手のペアに2―3で敗れ、ティモ・ボル選手との一騎打ちでは1―3で私が敗戦してしまった。練習の量と質では絶対に負けていないという自負があったのだが、このときは結果に結びつかなかったのだ。

メダルがかかった試合で大活躍したティモ・ボル選手の練習スタイルは、私とは、ずいぶんと違っている。

私はドイツのブンデスリーガで、彼と同じチームにいたことがあるからよく知っている。たまに練習場に来たと思ったら、軽く体を温めるくらいでじきに練習を終えてしまう。同じチームに所属していたのに、彼と2人で練習したことはたった数回しかない。私が避けられていたわけではなく、練習の絶対量がまったく違ったのだ。

20歳前後の若い頃、彼はメチャクチャな練習量をこなす選手だった。そのせいでケガに苦しみ、無理せず自分のペースを保つようになったのだろう。天性のセンスがあるティモ・ボル選手は、どうやら昔練習して得たことを永遠に忘れないようだ。週に1〜2回練習するだけなのに、試合における強さはずっと変わらない。

こういう珍しい選手もたまにいる。

東京オリンピックの男子シングルスで銅メダルを取ったドミトリ・オフチャロフ選手は、ティモ・ボル選手とは真逆のタイプだ。

ブンデスリーガ時代、彼とも同じチームに所属していた。私が練習場に到着すると、すでに彼は練習を開始している。平均的な練習時間が4時間程度のドイツで、オフチャロフ選手は朝から晩まで1日7〜8時間は練習していたのではないか（ちなみに伊藤美誠選手もこのタイプだ）。

両者のやり方は、両方正しいと思う。

「オレはセンスがないから、人一倍練習しなきゃ駄目なんだ」というのが、オフチャロフ選手のいつもの口癖だった。本人にそういう自覚があるから、人よりもたくさん練習をこなす。

逆にティモ・ボル選手は、ちょっと練習すれば昔と同じパフォーマンスを発揮できる。練習をやりすぎてケガをした痛い経験があるから、ほど良い練習量にとどめ、ケガを避けながら彼はベストの状態をキープしてきた。

私はどちらのタイプでもある。

体調が良くて「今日はいけるな」というときは、いつもより自分を追いこんで思いきり練習する。痛い部位があるときは「今日は休みます」と言って練習を休み、無理して試合に出場せず欠場する。練習するときはガッツリやり、休むときはガッツリ休む。どちらも正しいし、どちらも正解だ。

青森山田学園にいた当時、一番卓球が強かった私は、ほかの選手から練習のやり方をマネされてむず痒い思いをした。

私がたくさん練習していると、監督はみんなの前で「こんなに練習しているから水谷は強いんだ」と叱咤激励する。練習をあまりやらずにいると「水谷はオンとオフの切り替えがうまいんだ」とホメる。「水谷隼がすべて正しい」という雰囲気で、やたらと自分のマネをされるのは困った。

そんな私が毎日ハードな練習をすると、そのやり方がスタンダードになってほかの選手が迷惑する。私のやり方が、ほかの選手にまで有効なわけではない。私と同じメニューを全員に強いたら、あまりにキツすぎて脱落する選手が続出するだろう。

他人のやり方を模倣したからといって、卓球が強くなるとは限らない。なのに「あのやり方をコピーすれば自分も強くなれる」とまわりの人は妄信する。常に人の目にさらされ、衆人環視の中でマネされるのは強者の宿命だ。

だから青森山田学園時代は、ほかの選手が寮で休んでいるときに自分だけ練習場へ出かけた。夕食を食べ終わり、みんなが部屋でテレビを見たりゲームをやったりのんびりしている頃、自分だけが自主練を開始する。深夜1時や2時から練習を始めたこともある。私が深夜に特訓していることを知っていたのは、練習相手になってくれるルームメイトや、仲が良かった後輩くらいだ。

人目につかないように居残り練習し、自分なりに陰で努力しているつもりだったのに、まわりからは「なんで水谷はろくに練習しないのにこんなに強いんだ」と見られていた。「あいつはカッコいい」と思われたいから、誰も見ていない深夜に猛然と集中して練習していたところもある。

「水谷隼は練習しないのに強い」とは、よく言うものだ。そう言われるたび、腹の中でいつも思っていた。

「オレはお前が知らないところでメチャクチャ練習してるんだ。マネできるものならマネしてみろ」と。

誰も見ていなくても、陰の戦いに徹して実力を磨く。誰もマネできないほど苦しい努力を重ね、大きな成果をこの手でつかむ。それが私の卓球美学なのだ。

❻ 弱いヤツはヤマが張れない。

卓球とギャンブルはよく似ている。「一流の卓球選手は、一流のギャンブラーだ」と言ってもいいくらいだ。

卓球とは不思議なもので、強い選手と弱い選手が対戦しても、なんだかんだで8―8や9―9まで競ることが多い。競ったとき、一番苦しいときにこそ、人間の本性が垣間見える。人間の素の部分さえ表に出てきて可視化されれば、そこから相手がやってくることは、かなりの精度で予測可能だ。

次に相手が打ってくるであろう手を読み切り、100％の確信をもってヤマを張る。「彼はここにサーブを放つ。こちらがこう打ち返せば、次はここにレシーブしてくるはずだ」。思い切ってヤマを張り、競り合いのシーソーゲームを制する。

心理戦を制する者が、卓球を制するのだ。競った場面で勝ち切れない選手は、「ここにボールが来るかな」「いや、ボールはあそこに来るかもしれない」と心がブレる。いろいろなところに予測を立てすぎて、自信をもってボールを打ち返せない。

強い選手は「相手は次に絶対ここに打ってくる。だからここに打ちこもう」と、相手が出してくる手を2手も3手も先回りして読む。あとはヤマを張ったとおりに、100％実行できる技術とメンタルがあるかどうかが勝敗を分ける。

私は以前から、自分自身にギャンブラーの資質があると自負してきた。「ここが勝負どころだ」という大事な局面では、守りに入らず、ここまで攻めるかと相手がおののくほど、思いきって張りこむ。ギャンブラーのような卓球選手が、国際大会の大舞台で勝利をつかむのだ。

「ギャンブルには流れがある」のだという。

「流れ」とは言い得て妙だ。この点は卓球にも共通する。

流れ（空気感）が良いときは、どんなボールを打ちこんでも自分が思ったとおりの場所に1ミリの狂いもなく突き刺さり、対戦相手がやってくることをすべて読み切れる。流れが悪いときには、やることなすことまるでうまくいかない。

この流れを変えるために、卓球選手は試合中のブレイクでタオルで汗を拭いたり、タイムアウトを勝負所で使ったりする。

卓球の試合では「運」「ツキ」としか言いようがない予期せぬハプニングも起きる。それまで良い流れで試合を運べていたのに、ネットにわずかにボールが引っかかり、取れたはずの1点を逃してしまう。卓球台の角にたまたまボールが当たる「エッジボール」も、選手の心をかき乱して試合の流れを一気に変える。

ネットインやエッジボールで点を取れた選手は、運が良い。ツキに恵まれている。反対に卓球の神様から見放され、運もツキもなくボロボロに惨敗することもある。最も大切な場面でラッキーな偶然に救われ、運を引き寄せる。すぐ近くに寄ってきたツキを絶対に逃さない。

「運も実力のうち」という点も、卓球とギャンブルの共通項だ。

おそらく強い卓球選手は、ギャンブルをやったときに強いタイプが多いと思う。ヤマが当たって勝ちの流れを引き寄せたときには、さらなるヤマを張ってその日の勝利を決定的なものにする。流れがまずいときにはカーッと熱くならず、いったん撤収して次の作戦を考える。

四半世紀にわたる卓球人生を通じて、私は卓球台でギャンブラーのように振る舞ってきた。東京オリンピックという人生最大の舞台でも、危ない局面は何度もあった。危険な場面であればあるほど、ギャンブラーは強い。お互いにヤマを張り合い、絶対に競り負けない。

目に見えない究極の心理戦によって、私はとうとう金メダルを獲得した。

❼

弱いから負けるんじゃない。
あきらめるから負けるんだ。

そのとき、伊藤美誠選手と私は絶体絶命の窮地に立たされていた。

2021年7月25日、東京オリンピック混合ダブルスの準々決勝は、ドイツと日本が3ゲームずつ取り合い、3―3で最終の第7ゲームまでもつれこんだ。この第7ゲームを落とせば、日本は準決勝進出を逃し、メダル獲得の可能性はなくなる。

ところがドイツは第7ゲームの初めから次々と点を取りまくり、2―9までリードが広がってしまったのだ。さらに1点取られれば2―10でマッチポイント、もう1点をさらに許せば万事休すだ。

2―8から2―9に差が広がったとき、目の前が真っ暗になりかけた。

「しまった。まずいぞ……」

この局面から逆転勝利できるとは、実は私自身もとても本気では思っていなかった。私の経験上、2―9の状態からひっくり返してゲームに勝ったことは一度もない。その場面から、ほかの選手が逆転して勝った例も見たことはない。過去の卓球界を振り返ると、2―9からの勝率は0%なのではないだろうか。

2―8から2―9へ1点取られたとき、すぐ隣にいる伊藤美誠選手のボールが軽くなったような気がした。あの瞬間、伊藤選手の緊張の糸がプツリと切れ、その場の空気があきらめモードに切り替わったように感じた。「ああ、もう終わった」「もう駄目だ」。伊藤選手の顔色が変わり、卓球台の前で完全に負けムードが漂ったのだ。

もちろん最終ゲームの2―9から逆転勝利できるなんて思っていない。でもこの大会は、4年に一度しか開かれないオリンピック、しかも母国開催の東京オリンピックだ。負けることが明らかだからといって、ここで投げやりに勝負を捨てるような情けない卓球選手でいいのか。そんな恥さらしな姿を見せていいのか。

最終的に逆転できなかったとしても、勝負だけは途中で投げ出したくない。奇跡を信じて一縷の望みを捨てず、最後の最後まで絶対にあきらめない。「敵に勝つ卓球」ではなく「自分に負けない卓球」を最後までやり抜こうと思った。

現役生活の第一線から退くと決めている私にとって、これが卓球選手として最後のオリンピックだ。20歳の伊藤美誠選手には、これからまだたくさんチャンスがある。卓球人生の道半ばである伊藤選手には、途中で試合を放り出すみっともない負け方をさせたくない。東京で悪い「負け癖」をつけさせたくなかった。

ドイツチームの2人は余裕の表情であり、「よし。もう勝った。この試合はもらったぞ」という顔をしている。あのときそこにいた私一人だけが「まだまだ」「まだまだ」と試合を捨てていなかったと思う。

すぐ隣で「もう駄目だ」とあきらめているような伊藤選手に向かって、「1本ずついこう！」「大丈夫。まだいけるよ！」と必死で声をかけた。すると伊藤選手が私をにらんだ。「そんなわけないでしょ！」という顔をしている。

私も「まだいける」と本気で思っていたわけではない。「もう逆転は無理だろう」と心のどこかで冷静に俯瞰していたことは事実だ。だが「1本ずついこう！」と言葉を発しなければ、そこで試合は終わってしまう。心で思うことと実際にやれることは違う。口だけでもどんどんハッタリをかまし、その場の空気を盛り上げる。「ウソも方便」とばかり、試合に勝つためのポジティブなハッタリをかまし続けた。

スコアが2―9だと思えば、誰だって勝利をあきらめてしまう。「まずは目の前の1本を100％取りにいこう」という気持ちにグッと切り替えた。

すると2―9の点差が3―9、4―9、5―9……と1点ずつ狭まっていったのだ。点数が近づいていくたび、「いいよ。1本ずついこう」「この調子だ。まだまだいけるよ」と連呼し続ける。卓球とは1点1点の集積体なのだ。

ようやく伊藤選手も、私が言っていることの意味をわかってくれたらしい。「あれ、ジュン（※幼少時代からつきあいが長い伊藤選手は、私のことを「ジュン」と呼んでいる）の言うとおり、この試合、私たちいけるんじゃない？」と思ってくれた。

2―9だった得点差は、2人の踏ん張りによってとうとう6―9まで詰まった。この頃には、伊藤選手の心は完全に私と同じだった。

ドイツ選手だって、準々決勝で逆転負けを喫してメダルを失いたくはない。6―9から1点返され、6―10に引き離されてしまった。マッチポイントだ。あと1点ドイツチームに取られれば、私たちは試合に負けてしまう。

ふざけるな。こんなところで負けてたまるか。火だるまになった気持ちで戦った。まるでマンガのような信じられない攻防戦だった。なんと最終第7ゲームで、私たちはマッチポイントを合計7回も跳ね返したのだ。一時は2―9まで点差を広げられていた負け試合が、最後は16―14でフィニッシュした。私たちは卓球史上に残る大逆転勝利をつかんだのだ。

私たちは「最終ゲームは0―0からこうしよう」から始まり、「9―9までもつれたときにはこうしよう」と長いスパンで戦略を考えていた。だが2―9まで追い詰められてしまうと「3―9になったらこうしよう」「4―9になったらこうしよう」と考える余裕なんてまったくない。流れに身を任せながら、目の前の1本を取りに行くことしか考えられなかった。一進一退の攻防になってからも、「目の前の1点を取りに行く」という気持ちは一緒だった。試合の勝敗を考えるよりも、まずは次の1本を必死で取りに行く。その次の1本も必死で奪う。そうやって刹那的に1点ずつ戦っていたら、点数が縮まって勝利にたどりつけたのだ。

私と伊藤選手よりも、相手のドイツチームのほうがスコアにとらわれていたと思う。どう考えても負け試合なのに、水谷隼と伊藤美誠は目を血走らせ、絶対に試合をあきらめない。そんな私たちの鬼気迫る追い上げは、相手に対して不気味なまでのプレッシャーを与えたはずだ。

井上雄彦（たけひこ）さんの名作『SLAM DUNK』に「あきらめたらそこで試合終了だよ」という有名な言葉がある。バスケットボール部顧問の安西先生は、勝利をあきらめかけていたバスケ部員にこの言葉を投げかけた。

どれほど追い詰められたとしても、絶対にあきらめてはいけない。あきらめた瞬間、そこで試合終了、オリンピックは終了だ。熱戦の渦中、私の頭の中で安西先生の言葉がガンガンこだましていた。

ドイツ・ブンデスリーガ3部の
ミュンスターチームに所属していた14～15歳の頃

第2章 勝利からの逆算法

❽

目の前の一人と
ガチンコで向き合う。

マラソンや競歩、短距離走や競泳は「記録を出す戦い」「自分との戦い」だ。同じコースや隣のレーンにほかの選手はいるものの、面と向かって彼らと対峙して戦うわけではない。

卓球は究極の対人競技だ。卓球台の長さはわずか274センチしかない。3メートルにも満たない距離で向かい合えば、対戦相手の表情の変化や目つき、指先のわずかな動きまでミリ単位で見える。テニスやバドミントンも面と向かって相手と対峙するが、卓球ほど距離が近くはない。274センチの緊張度とガチンコ度合いはすさまじい。

私を含め、卓球選手の中には観察眼が優れた人が多い。目の前に座っている人が疲れていたり、悩みを抱えてはいないか。退屈していないか。お酒は足りているか。食事をするときにも、相手の振る舞いをよく観察して気を遣う。

対戦相手の癖を注意深く観察するのは、卓球選手にとって基本のキだ。国際大会で強豪選手がプレーするときには、観客席からライバル選手の戦い方をじっとウォッチする。もちろん動画はいつも何度も再生して研究している。

「中国の××選手は、最初の1本目では絶対にロングサービスを出す」
「韓国の△△選手は、こういう場面で勝負サービスを出すことが多い」

「ドイツの▲▲選手は、競ったときには必ずこういうプレーを仕掛けてくる」

選手の癖や細かい情報は、自分の目で注意深く観察したうえで全部頭の中に詰まっている。そのデータのおかげで勝った試合はたくさんある。

試合中も、相手が放ってきた1球1球の球筋や戦術は、脳内のデータベースに逐一インプットされていく。相手の表情の変化、立ち居振る舞いも重要な要素だ。卓球はメンタルのスポーツなので、心がブレればすぐさまプレーもブレてしまう。

サーブを出そうといったん構えたのに、打つのをやめて仕切り直す。汗の量がやたらと多く、しきりに汗をぬぐっている。そういうとき、相手選手はこちらの想像以上に緊張しているものだ。だからミスを怖れてシンプルに攻めてくる。自分の目に飛びこんでくる視覚情報を分析して、相手が次に何をやってくるか読み取っていく。

将棋の対局では、棋士は2手先、3手先どころか、4手、5手……と膨大な手筋をシミュレーションして読みこんでいくそうだ。「長考」といって、1時間、2時間と1手を延々とシミュレーションして相手を待たせる棋士もいる。

卓球の場合、長考する余裕はまったくない。対戦相手を徹底的に観察しつつ、棋士が長い時間をかけて組み立てていく脳内シミュレーションを一瞬のうちに終え、自分が次にやるべき仕事を判断していく。次はどういうサービスを仕掛けようか。どうレシーブしようか。相手の弱点、相手の手の内を探り、アメーバのように柔軟に戦型を変化させる。一瞬の判断で思いきってプレーしていく。

めったに出さない隠し玉がある。「水谷隼は動揺している」と相手選手に勘違いさせるため、わざと動揺しているフリをする。ブラフ（ハッタリ）をカマすのだ。あからさまに嫌な顔をして表情を曇らせたり、苛立った素振りを見せる。焦って動揺しているフリをする。相手がブラフに引っかかってくれれば儲けものだ。

動揺している素振りを見せながら、私の心の中は穏やかな水面のように落ち着いている。「水谷隼は動揺している。今がチャンスだ！」と相手が前のめりになっているのに、こちらはまるで動じていない。こうなれば、相手が打ってきた１本が悪手になる。相手の裏をかいた心理戦によって、試合の流れをガラッと変えることができる。こういう心理戦も卓球の魅力であり、絶妙なおもしろさだ。

あまりにもラリーの応酬が高速なので、卓球選手は脊髄反射、動物的勘で動いていると思う読者もいるだろう。もちろん「体が勝手に動く」という状態ではあるが、頭の中はグルグル高速回転している。卓球は距離２７４センチの肉弾戦でありながら、頭脳戦の側面も強い。

あるとき石川佳純（かすみ）選手はこう言っていた。

「卓球の試合が終わると、体よりも頭のほうがすごく疲れませんか」

私も彼女の言う意味はわかる。集中して戦い終えると、息が切れて体はヘトヘトに疲れている。同時に頭がボーッとし、コメカミのあたりがツーンと痛くなる。競った試合であればあるほど、肉体的疲労もさることながら、頭がフラフラに疲弊する。

相手がサービスするときは、こちらがレシーブするまでに少しだけボールの流れを読む時間がある。「ここに球が来るだろうな」という予測は、8割くらいの精度で当たる。そこからレシーブを打ち返すときも、回転数や球筋をミリ単位で補正しながら、意識的に返球する。

私が良いレシーブを打てれば、相手が次にやれる選択肢はものすごく限られる。うっかりチャンスボールを与えて全力で打ち返されれば、そのボールはまず良いところには打ち返せない。生きているボールを打つことさえできれば、あの速さの中でもこちらの読みどおりに戦える。卓球の試合はその連続であり、「予測の戦い」だ。

卓球では1試合で、だいたい100点くらい取ったり取られたりする。その1本1

本すべてに意味がある。「何気ない１本」「どうでもいい１本」なんて一つもない。すべてに意味がある。０―０から始まった最初の１本、次の１点を取るための一打、10―10（デュース）からの１本、すべてそれぞれ意味をもっている。だから卓球の試合をしていると、とにかく頭が疲れる。１試合１００本のそれぞれのボールに、深い意味があるのだ。

試合が終わったあと、第２ゲームの７―６から自分がどういうプレーをしたか。相手がどうレシーブを返してきたか。頭の中に１本１本の映像が明確に残っている。「第１ゲームのラブオール（０―０）の１本目はこうした。次はこうした」「最後の１本はこうした。なんで自分はそうしたのか」。全部あとから思い出せるし、言葉で説明できる。卓球選手は、それくらい１本１本全部考えてボールを打っているのだ。

将棋の勝敗が決まって「まいりました」と頭を下げて終わると、棋譜を途中から再現する「感想戦」がある。今終えたばかりの試合をプレイバックしてお互いが反省会をやり、将棋記者が分析の材料とし、テレビを見ている人が楽しむのだ。

棋士の頭の中には、自分が打った手、その手をなぜ打ったのかという記憶が明確に蓄積されている。それと同じように、卓球選手も高速の頭脳戦を戦っているのだ。

❾

自分を仕上げるコツを覚えよ。

14歳のときにドイツへ渡ってから10年間、頭の中はいつも卓球のことでいっぱいだった。24時間365日、卓球漬けだったと言っても過言ではない。朝起きてから夜寝るまで、卓球のことばかり考える。夢の中にまで出てくることもあった。

卓球選手と一緒に食事に行けば、もちろん卓球の話しかしない。ゲームやマンガの話でリラックスしてもいいのに、プライベートの時間も常に卓球で頭がいっぱいだった。14歳から10年間は、オンとオフの切り替えがすごく下手だったと思う。というよりもオフなんて1秒もなく、常に卓球がオンの状態でスタンバイしていた。

部屋でゴロゴロしたり遊んでいると「こんなことをしていていいのか。練習しなければ、ほかのライバルに差をつけられてしまう」と気持ちが焦り、自分の時間をのんびり楽しめない。余裕も余韻もない。卓球、卓球、卓球の毎日だった。

2012年のロンドンオリンピックは、メンタル面が不安定で苦しんだ。「相手がこう攻めてきたらこう返そう」「試合がこのパターンになったときには、こう反応しよう」。頭の中で完璧にイメージしなければ気が済まない。次の日の試合のことを徹底的に考えすぎて、夜眠れなくなってしまった。

睡眠をうまく取ることも、アスリートにとって大切な戦いだ。寝不足の状態で試合に臨めば、思ったとおりに体が動くはずもない。ただでさえ疲れが残っているのに、試合の疲れがさらに蓄積すれば、のちのちの戦いに響く。案の定、ロンドンオリンピックの男子シングルスでは4回戦で敗退し、ベスト16に終わってしまった。

リオオリンピック（２０１６年）の少し前に、メンタルトレーナーの講義を聴く機会があった。この講義は目からウロコだった。

「試合のときにガチガチに緊張して、力を発揮できない選手が多いですよね。どうしたらいいと思いますか。要は、あまり考えすぎてもしょうがないのです」

試合前に緊張して「がんばろう！」と準備しても、試合前に何も考えずリラックスした状態で臨んでも、実は結果はたいして変わらない。大会に向けて、アスリートは何ヵ月も前から階段を上がるように調整を続ける。

すでに状態は仕上がっているのに、試合前夜や当日にジタバタしたところで情勢は変わらない。競技が始まれば誰だって集中してプレーする。ならばわざわざ試合前に、むやみやたらに緊張する必要はない。もっとリラックスして、ラクな状態で試合に入ったほうが良い結果が出る――メンタルトレーナーはそんな話をしてくれた。

リオオリンピックまでの私は、試合前にガチガチに自分を固めてから本番に臨みたいタイプだった。緊張して集中して、弦がビンビンに張り詰めたような状態で「よし！」と一発気合を入れて試合に入る。そのやり方はとてつもなく苦しかった。試合前日や当日になると、緊張で朝から食事がノドを通らない。

メンタルトレーナーの講義を聴いたあと「次からはリラックスしようかな」と思って、試合のことは何も考えずに臨んでみた。それでも試合が始まると、緊張したプレーをキープして良い結果を残せる。次の試合では、以前のようにガチガチに緊張した状態で臨んでみた。するとプレーが固すぎて、思ったとおりの結果を出せない。

「なんだ。自分の場合、リラックスして本番を迎えたほうが良い結果が出るじゃないか」。そう気づいてから、試合前日や当日は落ち着いて過ごし、睡眠もしっかり取るようになった。おのずと成績が上がり、リオと東京でメダルを合計４つも取れた。

「いくら前日や当日にいっぱい練習しても、そんなことでは結果は変わらない」

「自分が今までやってきた練習はウソをつかない。もっと自分を信じろ」

10代の頃のやり方も、30代になった今のやり方も、どちらも正解だと思う。どうすれば本番までに、思ったとおりに自分を整えることができるか。自分を整えるための最良のメソッドを選択すればいいのだ。

⑩

「勝利した自分」に戻ろうとするな。

卓球に限らず、勝者であり続けることほど難しいことはない。大きな試合に勝ったあと「自分は勝った！」という事実（過去の栄光）を延々と頭に思い描き、引きずる。そこから進化できなくなってしまう卓球選手はよくいる。

大会で優勝できたものの、次の大会では負けてしまう。その次の大会でも負ける。すると勝った試合の記憶を思い出す。「あの試合の前、自分は何をしていたか。何を食べて、どんな練習をしていたか」とプレイバックし、過去の自分に戻ろうとする。

その間、まわりの選手は最新の技法を自分のものにして、どんどん進化している。なのに「過去に戻ろう」「あのときに戻ろう」と逆方向に回帰して、そのまま落ちていってしまうのだ。こういう残念な選手を、私はたくさん見てきた。

試合に勝っても増長せず、次のステップへ向けてますます進化していく。勝っても驕らず、常に未来志向で明日を見据える。そういう選手は無限に成長していける。

この20年間、卓球界では頻繁にルール変更がなされてきた。ルールが変わったのに以前と同じようにプレーしていては、絶対勝てない。用具の進化も著しい。古い自分なんてかなぐり捨てて、新しい自分に生まれ変わる。清新な姿勢が必要だ。

17歳のとき、私は全日本選手権（男子シングルス）で史上最年少の優勝を果たした

（2007年）。そこからすべての選手が「オレが水谷を倒してやろう」とねらってくるようになった。当然、私のプレーは徹底的に研究される。優勝した年と同じプレーを翌年もしていたら、勝てるわけがない。常に自分が最先端を歩み、今日も明日も進化していかなければ、まわりに追いつかれたり追い越されてしまう。

日本でチャンピオンになってから、私はずっと世界を見ながら戦ってきた。日本で1位になっても、世界大会でトップを張れるわけではない。私の前には、常に自分よりも強い中国人選手が立ちはだかっている。自分より強い選手が常にいてくれたおかげで、私の成長はいつまでも止まらなかった。ずっと上を見ながら戦ってこられた。

もちろん全日本選手権で優勝すればうれしい。国際大会で勝てば満足する。でも優勝したからといって「よっしゃ！　もう練習しなくていいや！」とは全然ならない。勝ってから2～3日は余韻に浸ることもあるが、すぐに次の大会に向けて練習を再開する。試合に勝ったからといって、自分へのご褒美なんて必要ないのだ。

なにしろ卓球には、完全なオフと言える時間がない。勝っても負けてもすぐに次の試合がある。リオオリンピックでメダルを取ったときは、さすがにしばらくテレビ出演やインタビューが殺到してお祭り騒ぎだった。でもお祭りが終われば、また年がら年中卓球漬けの日々が始まる。そんな生活を20年近くずっと続けてきたのだ。

２０１３年から２０１８年まで、私はロシアのプロリーグでプレーした。一番スケジュールが過酷な時期は、世界の卓球選手の中で最も激しく飛行機移動していたと思う。国際大会で優勝した翌日に、飛行機に乗って日本に移動することもあった。日本の大会で勝っても、ロシアに戻った瞬間惨敗したりする。そのたびごとに「まだまだだな。もっと練習しなきゃ」と原点に帰る。

「水谷は今大会の本命だ」「優勝候補だ」と注目される中、期待どおりに結果を出せればそれはうれしい。だからといって、はしゃいで舞い上がるわけではない。それに優勝なんて年に2回あるかどうかだ。99％の大会は、優勝を逃して負けて終わる。たとえ優勝したところで、「絶対王者」と呼ばれるほど自分が勝ち続けるわけでもない。

海外に行けば、私よりもすごい選手なんていくらでもいる。何度戦っても、ただの一度も勝てない中国人選手もいた。どうすればそういう強豪選手を攻略できるのか。海外リーグでの戦いは、武者修行のような挑戦の連続だった。永遠の挑戦者として私の卓球人生は続くのかもしれない。

⓫

恐怖心を与えて、場を支配せよ。

オーストリアのリンツで開かれた世界ジュニア卓球選手権（２００５年）に出場したとき、私は中国人選手を倒して勝ち上がり、決勝戦でパトリック・バウムというドイツ人選手と当たる。

決勝戦では常にリードする展開だったのに、最後の最後で逆転負けを喫した。ここで優勝していれば、日本人初の世界ジュニア卓球選手権（シングルス）の金メダリストになれた。あの試合は確実に勝てたはずだ。32歳になった16年後の今も、16歳当時のあの負けを悔しく思う。この悔しさは、きっと一生引きずるのだろう。

２０１２年の全日本選手権も忘れられない。明治大学卓球部に所属していた私は、決勝戦で高校生の吉村真晴選手と当たった。10―7でマッチポイントになった瞬間、心のどこかで「勝ったな」と油断した。油断がもろにあらわれた甘いサービスを出してしまい、そこから3点連続で失い、相手に追いつかれた。10―10のデュースになったときには、焦りまくって頭の中が真っ白だ。10―7のマッチポイントからひっくり返され、とうとう私は逆転負けした。

この試合に勝っていれば、全日本選手権の男子シングルスで史上初の6連覇を達成できた。あの負けの悔しさは今でも明確に覚えているし、あのとき油断した1本は本当に悔やまれる。この負け試合はずっと心に引っかかり、私の卓球人生に生かされた。卓球の試合に、意味のない無駄な1本なんてない。1本でも気を抜いた瞬間、勝者はたちまち敗者へと転げ落ちるのだ。

翌年の全日本選手権（2013年）では、男子シングルス決勝戦で丹羽孝希選手と当たった。ゲームは終始リードして優勝が見えていたのに、またしても1本の差に泣き、私は2年連続で優勝を逃す。あの負けも忘れられない。

何万本と練習を重ねて臨んだ本番では、残酷なまでにたった1本のボールが勝負を分ける。東京オリンピック混合ダブルスの準々決勝（ドイツ戦）もそうだ。前述のとおり、あの局面で1本ミスをすれば、伊藤美誠選手も私も終わりだった。相手のドイツチームにとってみれば、あと1本取れば試合が終わってラクになれるのに、その1本がどうやっても取れない。

何万本も練習をこなそうが、最後に勝負を分けるのはたった1本のボールだ。いかに普段から1本の練習を大事にできているか。1本の怖さを日々肝に銘じなければ、大事な試合で油断を排することはできない。

悔しい負けの記憶は、どうやっても頭の中の消しゴムで消せないものだ。それどころか逆転負けはトラウマ(心の傷)として心にのしかかる。私が吉村真晴選手に逆転負けした映像は、これまで卓球のニュースで何度使われたかわからない。

２０１７年にドイツで開かれた世界卓球（シングルス）で、私は張本智和選手と対戦する。この試合は、１―４で張本選手の圧勝だった。世界卓球という大舞台で同じ日本人選手に負けたことは、あまりにも悔しい。次の試合では「絶対勝ちたい」ともすごく燃えた。

ところが２０１８年の全日本選手権の決勝戦で、張本選手は私を破って史上最年少優勝の記録を更新する（14歳）。私が作った最年少記録を3年以上更新する快挙だった。テレビで張本選手を紹介するとき、決まってこのときの映像が使われる。

うっかりこの映像を見ると、トラウマが蒸し返されて悲しくなる。せっかく忘れかけていたのに、あのときの悔しさと悲しさがぶり返すのだ。過去の敗戦の映像を見るたび、「次は絶対同じ過ちを犯さない」と戒めてきた。「もうあんな負け方はしない」と強く心を定めるのだ。

なんとかして攻略したいと願いながら、今まで一度も勝てなかった選手がいる。東京オリンピックの男子シングルスで優勝した、中国の馬龍選手がその一人だ。彼とは今まで約20年戦ってきたが、シングルスの戦績はたしか0勝16敗くらいだったと思う。ここまで負け続けると「今回も馬龍には勝てないだろう」とトラウマで心が潰される。

まったく歯が立たず簡単に負けたこともあるし、あと1本の差で負けたこともあった。途中までなんだかんだ良い試合運びができ、こちらが一歩リードしていても、試合中に「また逆転負けするんじゃないか」と弱気な気持ちが頭をよぎる。そうなれば相手の思うツボだ。

石川佳純選手もおそらく同じ思いだろう。中国人選手は、私たちに痛いほど恐怖心と彼らの強さを植えつけてきた。卓球はメンタルスポーツだから、メンタルが一度崩れると試合に勝つことはできない。途中までリードしていても、彼らはあっという間に試合をひっくり返す。中国人選手は、圧倒的な実力差によって相手の心をへし折ることが得意なのだ。

逆に言うと、私が相手にそこまでの恐怖心を植えつけることができれば、勝ちにつながる。「相手に恐怖心を与え、自分がその場を支配する」。中国人選手から学んだこの勝利の方程式を、私は実戦で生かしてきた。

相手が「水谷隼と当たってしまったら勝てない」という怖さを抱いてくれれば、すでに試合はこちらが勝ったようなものだ。相手がメンタル的にナーバスになってくればくれるほど、こちらは優位に戦える。全日本選手権で連覇しまくっていた頃、日本人選手は端から「水谷隼には勝てない」と思っていた。

卓球選手に限らず、誰でも大事な局面では「慎重に行こう」とリスクを怖れるものだ。そういう人間の心理がよくわかっているから、試合の最初からいきなり大胆に攻める。相手の読みを外す。相手の思考にないトリッキーなプレーで点を先取して「あれ？　この人はほかの選手と何か違うぞ」と動揺させる。

決勝戦で日本人選手と当たると、ケチョンケチョンにやっつけてしまうことが多かった。序盤で連取して2―0とリードすると、相手は萎縮して「あれ、今までの相手と違う。これは勝てない」とあきらめてくれる。そこから無謀な攻めをしてきて、さらに相手のプレーが乱れたりもする。序盤から相手に恐怖心を植えつけて、最初から最後まで試合を支配しようと意識してきた。

絶対負けられない試合をギリギリのところで落とせば、一生消えないトラウマになる。逆に相手に恐怖心を植えつけてその場を支配できれば、こちらが勝者の座に立てる。敗者の悔しさと悲しみを忘れない者が、トラウマを超克して勝者になれるのだ。

⑫

過酷なスケジュールは神経を図太くする。

頭脳戦、心理戦である卓球は、肉体もさることながら脳みそを酷使する。「どうやって頭をクールダウンさせているのか」と疑問を抱く読者も多いと思うが、実はクールダウンの時間は特になくても大丈夫なくらいだ。

卓球の試合は30分、長くても1時間程度で終わる。私の場合、試合前の練習時間はほかの選手より少ないほうかもしれない。試合前に1時間15分も練習すれば、本番に向けて完全に準備が仕上がる。

卓球は相手の戦型によって、全然違う戦術を考えなければならない。左利きの選手が相手のときは、事前に左利きの選手と練習する。相手の用具には特徴があるから、できるだけ用具が似ている選手を練習相手に選ぶ。そうやって試合前に必ず練習しなければ、本番でうまくいかない。

だが、こうやって事前に自分が思うとおりに練習できるのは、環境が整った日本だからだ。海外ではそうはいかない。会場に着いた瞬間、ろくに練習時間もないのに「30分後に試合だから」と言われることはザラだ。

チームによっては試合の３時間前から練習を始めるところもあるが、中国の超級リーグでは、試合前の練習時間なんて常に30分くらいしかない。ウォーミングアップすらほぼ何もやらないで、いきなり試合が始まる。インドで大会があったときには、停電したせいで1分も練習できないまま試合が始まったこともあった。

今は卓球がどんどんメジャーになってきたので、環境は以前とは比べものにならないほど良くなっている。昔はタイムテーブルも適当だったし、「前の試合が棄権でなくなったから、次はお前が入れよ」といきなり言われることもあった。今では考えられないことが、日常的に起こりまくっていたのだ。

そういう経験を積んできたから、試合前の練習なんて何時間でも何分でもかまわない。いくらでも調整可能だし、言われたとおりの時間内に自分を整えられる。

ちなみに私は、全日本選手権で1日7試合に出場したことがある。当時は高校生だったから、ジュニアの部だけでなく、一般の部のシングルスやダブルスにもエントリーした。3種目に出場して全部勝ち上がっていったら、1日7試合という殺人的なスケジュールになってしまったのだ。

短くても1試合につき30分、もつれると1時間かかるから、文字どおり朝から晩までほぼ連続で試合だ。もちろん試合直前には、相手に合わせた練習も行う。練習→試合→練習→試合……を延々と繰り返し、1日10時間くらい卓球をやった。さすがにこの日は、試合が全部終わったあと自力では歩けないほどヘトヘトに疲れた。両肩を支えられながら、やっとの思いで帰ってきたものだ。

こういう荒行を経験すると、「興奮した頭をクールダウンしよう」なんてわざわざ意識しなくても、バタンキューですぐに眠れる。もちろん疲労は溜まるが、厳しいスケジュールをこなしながら工夫して疲れを回復し、試合までに疲労をリセットする。

移動中には「クラロワ」（クラッシュ・ロワイヤル）や「ブロスタ」といったスマホゲームで遊んで頭を空っぽにする。スケジュールがうまく合えば、後楽園ホールまで大好きなプロレスを観に行って熱狂する。

卓球選手は、一年中練習と試合が途切れることがない。国際大会に出れば時差は激しいし、一般社会ではありえない過酷なスケジュールを組むこともある。そういう日々を、日常的で当たり前と居直る。慣れと経験によって神経が図太くなれば、頭をクールダウンするコツなんて一生懸命考える必要はない。戦いと戦いの隙間にあるわずかな時間に、体と心を完全に休められる。

ちなみに東京オリンピックが終わってから、私は1日もオフ（休暇）を入れていない。現役選手だった時代に比べれば、練習も試合もない毎日はお茶の子さいさいだ。

⓭ 仕事道具を雑に扱うな。

東京オリンピックの直前、厄除けで有名な川崎大師へお参りした。

「すべて自分の思いどおりにいきますように」

「自分の思いどおりに事が運びますように」

そう強く祈る。全日本選手権の直前になると、昔は地元・静岡県磐田市の神社にお参りに行ったものだ。全日本選手権のV10を達成した2019年には、今回足を運んだ川崎大師にお参りしている。大きな大会、かなえたい願いがあるとき、最後の最後にそうやって願掛けをしてきた。

ただ川崎大師へ行けば、思ったとおり願いがかなうわけではない。棚からぼたもち式で、誰かに何かしてもらおうという受動的な神頼みは駄目だ。「願いはかなう。かなうように決まっている。必ずかなえるのだ」と自分を信じ、思いきり気合を入れて奮い立たせる。

私は今、「最後の最後に願掛けをする」と申し上げた。願掛けをするまでには、人知れず徹底的に2倍、3倍の努力を重ねる。とりわけ卓球用具の管理については、誰よりも神経質だ。用具の管理に関しては、誰からも口を出されたくないし、一切ジャマされたくない。

卓球選手は、皆小さな頃からラケットのラバーを自分で貼り替える。「日本代表選手なのだから、そんな面倒くさい作業は信頼できるスタッフに任せればいいではないか」と思う人もいるだろう。最も大事な仕事道具であるラケットを人に触らせ、ラバーの保守管理を任せる選手がいたら、そいつは二流、三流どころか五流だ。

ラバーは消耗品であり、だいたい3日に1回は自分の手で貼り替える。前に使っていたラバーをはがすと、接着剤のノリがついている。15分ほどかけて、細かいノリをすべてきれいに取る。表と裏のラバーをはがし、一切汚れがない状態まで掃除するのが最初の工程だ。

続いて液体の接着剤を垂らし、ラバーの両面に慎重に塗っていく。接着剤が乾くまでに2時間かかる。この2時間が重要だ。ラバーは湿気の影響をもろに受ける繊細な素材なので、乾かしている間は絶対に部屋でシャワーを浴びないし、風呂にも入らない。自分のツバや細かいゴミがくっつかないように、机の中やクローゼットの一番遠いところなど、異物に触れない場所にそっと置く。

別の選手と2人部屋に泊まるとき、ルームメイトがシャワーを浴びたり風呂に入ることがある。ラケットをちょっとでも湿気にさらすのは嫌だから、そんなときはコーチの部屋に行ってラバーを貼り、シャワーを使うのを遠慮してもらいながら、そのままコーチの部屋で2時間じっと待機する。

ラバーを貼り替えるのは、練習や試合が全部終わったあとの夜間だ。夜11時とか12時に作業を始めると、ラバーが乾くのは夜中の1時や2時になる。

中には接着剤の量や乾かす時間がまちまちで、適当にラバーを貼る選手もいる。仕事道具をそんなふうに杜撰に管理するのは信じられない。湿気まで注意深く気にし、自分の子どもの面倒を見るように丁寧に用具を扱えば、試合中のボールの跳ね方や球筋は変わってくる。なのにラバーの貼り替え中、部屋の湿気まで神経質に気にする選手は私くらいしかいない。「みんなそうすればいいのに」といつも思っている。

私にとってラケットは、車や腕時計、貴金属なんかよりもはるかに大切だ。だからほかの選手が使わない鉄製の堅いケースに入れて、とても大切に保管している。そのケースをどこかに置き忘れるなんてありえない。遠征で空港から空港へ飛ぶときも、国内を激しく移動するときも、肌身離さず大切にもち歩いている。

オリンピック後、テレビ番組に出演して卓球の実演をする機会が増えた。テレビ局のスタッフにとっては、ラケットは単なる道具なのだろう。私にとっては命の次に大切な仕事道具だから、やたらとラケットを触らせたくない。練習中や試合中でもないのに、強い空調に当たってラケットのコンディションが変わるのも心配だ。だから本番の撮影が始まる寸前まで、ラケットは鉄製のケースに入れて保管している。

東京オリンピックの男子団体で、日本は韓国を破って銅メダルを獲得した。メダルを決めた勝利の瞬間、バンザイしている私の腰に張本智和選手が抱きついてきたのが話題になった。実はバンザイする直前、私は卓球台の上に丁寧にラケットを置いている。メダル獲得に興奮して、ラケットを放り投げるなんてありえない。ラケットが傷つかないよう丁寧に台の上に置き、そのあと全身で思いきり勝利を嚙み締めたのだ。

ドイツで卓球をやっていた10代の頃、一匹狼だった私は性格がかなり荒れていた。試合でミスをすると、卓球台にラケットをバン！　とぶつけてイエローカードをもらう。試合で負けたらラケットを放り投げて、またイエローカードをもらう。

ヨーロッパで活躍していた強い卓球選手も、イラつくとラケットに当たっていた。台にぶつけたり膝にぶつけると、グリップ（握り部分）の付け根がバキッ！　と割れたり折れる。強い選手のマネをして自分もラケットを乱雑に扱っていたら、ますます試合で勝てなくなった。それは当たり前だ。

ラケットは木で作られているものなので、まったく同じものは世界に一つもない。同じメーカーの製品であっても、ボールの弾みは全然違う。繊細なタッチの違いは卓球選手にしかわからず、自分に合ったラケットを探すまでに長大な時間がかかる。今私が使っているラケットは、2年も3年もずっと同じものだ。木材が削れて傷んでくると、工場にもっていって修理してもらう。自分の体の一部と化した仕事道具には、命が吹きこまれているのだ。

練習の前後に、自分のラケットを卓球台の下に平気で置く選手がいる。仕事道具をあんなふうに適当に扱っているから、試合でろくな結果を出せないのだ。こういう選手は試合が始まる前の段階で、すでに勝負に負けている。まったく話にならない。

このように私は、戦いが始まる前から慎重に神経質に仕事道具を管理してきた。「ここまでやるのか」と他人がビックリするほど盤石な準備をしなければ、本番で思ったとおりの結果を出せるわけがない。仕事道具を誰よりも大切に扱い、道具にイライラをぶつけず精神状態を整える。そして最後の最後に「願いはかならずかなえてみせるのだ」と瞑想し、最高の精神状態にまで高めるのだ。

東京オリンピック、
金メダル獲得の直後にもラケットはそっと台上に置かれていた

第3章 お金が人間を自由にする

⑭

言い値に従っても ナメられるだけだ。

私の卓球人生は、貧乏のどん底からスタートした。

初めて海外遠征に行ったのは、13歳のときのことだ。自腹で30万円払い、スペインで開かれた国際大会に参加した。13歳にとっての30万円は、想像もつかないほどとてつもない大金だ。今で言う300万円くらいの感覚だったと思う。

あの当時は、週末のたびに車に乗って静岡県外まで練習に行っていた。そのせいで、ガソリン代や高速道路代がどんどん消えていく。水谷家は決して裕福な家庭ではない。どちらかというと貧乏な部類だ。ただでさえ貧乏なうえに、30万円もの金額を親に負担させてしまった。卓球をやるために、自分は今とんでもない出費をしている。ズドン！　とプレッシャーが重くのしかかった。

1日も早くドイツへ卓球留学したかったのだが、留学するための費用なんて水谷家にはない。そこで卓球の強豪校である青森山田中学校に転校した。日本卓球協会と青森山田が、ドイツへの留学費用を折半して出してくれるという。渡りに船だ。ありがたい話に乗っかって、今度は自腹を切らずにドイツへ飛んだ。

ドイツでの1年目は、アマチュアだらけの3部に所属した。1年目にもらった給料は、1ヵ月300ユーロだった。1ユーロ＝130〜140円の時代だから、日本円で4万円程度だ。バイト代、小遣いレベルの給料を、申し訳程度にもらいながら卓球をやった。

日本にいた頃、ゲームセンターで一度に2000円も使う同級生がいて驚いたことがある。私がゲーセンで使えるのはせいぜい数百円だし、1000円が大金という感覚だった。コンビニに出かけると、先輩は200円か250円のデザートを買っている。私は100円のヨーグルトしか買えない。ドイツに行ってからも、財布の中にはいつもほとんどお金が入っていなかった。

当時はまだ、スポンサーなんてどこもついてくれなかった。用具代は自腹だ。あの頃は今よりもラバーが安くて1枚3000円だったものの、両面貼り替えれば6000円かかる。本当は頻繁に貼り替えたかったのだが、節約のためにラバー貼り替えは1ヵ月1回と決めた。それだけで毎月6000円の固定費がかかる。

ラケットや接着剤、ユニフォームやシューズなど、卓球をやるためには定期的にいろいろとお金がかかる。ジュースを買う余裕なんてないし、削れるところは極力削って節約に努めた。お金がないのが当たり前の日常だった。

2年目は、ブンデスリーガの2部に昇格した。2部には一応プロの選手が所属するのだが、2部も3部も扱いには大差はない。公民館のような小さな体育館で試合をやり、観客は卓球マニアが20〜30人いるだけだ。試合前には選手が卓球台を出したり観客席をセッティングして、片づけも自分たちでやる。

2部の契約金（年俸）はたしかゼロだったと思う。基本給はまったくなく、シングルスで1勝するとたしか500ユーロ、ダブルスで勝つと300ユーロもらえた。試合に勝って歩合制でお金をもらわなければ、収入はたちまちゼロだ。

2部で2年間プレーしたあと、4年目に1部に昇格した。契約金は3万ユーロ、日本円にして450万円程度だったと思う。高校1〜2年生の若造が「3万ユーロは安すぎる。もっと上げてくれ」なんて交渉はできない。まわりの人に任せっきりにしており、「ここにサインして」と言われるがまま契約書にサインした。

2部までは、お金はいつも現金払いだった。取っ払いでユーロを渡されるのだから、今考えるといい加減なものだ。1部に移行して3万ユーロもらえることになったので、初めて銀行口座を作った。

10代の少年なんてただでさえ右も左もわからず、プロ選手の年俸の相場感なんて何も知らない。だから契約金の金額は、向こうから言われるがままだった。ドイツ留学していた5年間は、1部の選手と同じ練習場を使わせてもらった。1部の練習場をずっと間借りしてきた気兼ねもあり、年俸がいくらだろうがとても断れない。

ほかの選手よりも明らかに年俸が安いことに、あとから気づいた。どう見ても試合の成績や実力は同等なのに、私の年俸のほうが不当に安いのだ。ふざけたことに、当時の日本人はヨーロッパの卓球チームから「安くて強い」と見られていたらしい。格安の年俸でこき使っても成績をあげてくれるから、どこも日本人選手をほしがる。

「自分をもっと高く雇ってくれ」と戦闘的な契約交渉をする日本人なんていなかった。言い値で契約書にサインをし、安い給料でこき使われても文句も言わない。「日本人はチョロい。あいつらは給料が安くてもいいだろう」とナメられていた。海外リーグから「安くて強い」とナメられている風潮は、今も変わっていないと思う。

これは日本人の性格なのか、お金の話をあからさまにすることを「はしたない」と避ける風潮がある。相手から条件を提示されたときに不当価格だと思ったら、ビジネスライクに交渉を進め、お互いが納得できる妥結点を模索すればいい。

ヨーロッパの選手は、若い人でも易々と相手の条件を吞まない。契約書にサインするときには慎重に文言をチェックするし、安い条件でつけこまれる隙を与えない。ふざけた条件を提示されたときには、もちろん話し合いが決裂することもある。

読者の皆さんがアルバイトを探すときには、時給を真っ先にチェックするはずだ。時給が950円なのか1050円なのかわからないのに、履歴書を書いて求人募集に応募する牧歌的な人はいない。少しでも良い条件の仕事場を求めて、シビアに数字をチェックするはずだ。

なのに就職する段になると、多くの就活学生が急にお金の話をしなくなる。肝心な給料やボーナスの数字がどこにも書かれておらず「当社規定による」とボカされているのに、「当社規定」の中身を確かめようともしない。こんな状態で就職したあと、不当に給料が安いブラック企業だったら一巻の終わりだ。

ドイツで卓球をやり始めた頃の私も、あまりにもお金に無頓着だった。「卓球さえやれれば幸せだ」と喜んでいるだけでは、アマチュアと変わらない。プロアスリートなのだから、お金の話は最初からもっとシビアに詰めるべきだった。この点は、就活中の学生さんやビジネスパーソンにも通じる話だと思う。お金の話をするのは下品でも何でもない。仕事は遊びでやるものではないのだから、お金の話は堂々とするべきなのだ。

⑮

「自分の値段」を常に意識せよ。

ドイツで5年間卓球をやり、2008年から中国の超級リーグで計3年間プレーした。ドイツでは安くこき使われていたのに、中国に移籍してから収入がドン！　と増えた。契約金はたしか年俸200万円だったと思う。ただし超級リーグはワンシーズンが短く、3ヵ月でシーズンが終わる。いわば月給70万円だ。

年俸に加え、シングルスで1勝すると50万円、ダブルスで1勝すると25万円のインセンティブ（ボーナス）がもらえた。試合に勝つたびどんどん収入が増えるのだから、俄然やる気が出る。

一瞬だけカタールのリーグでも卓球をやったことがある。1週間1万ドルという契約で出向き、1試合だけ出場して負けて終わった。時給100万円だから、これまた効率はとてもいい。

商品としての自分の価値は、いくらと見積もられているのだろう。卓球でお金を稼げるようになると、自分の価値がいくらなのか知りたくなった。

私が出す結果はほかの選手よりも圧倒的に良いのに、なぜかドイツ時代の給料は圧倒的に少ない。選手は給料に見合った活躍をし、企業は選手の実力に見合った金額を出す。お互いWIN－WINの落としどころを探り、納得ずくで契約したい。正当な価格で自分を雇ってくれる場所を探し、2013年にロシアのプロリーグに移籍した。契約交渉は納得がいくまで自分で進めた。すると年収が一気に何千万円も増えたのだ。

所属チームからもらう年俸以外にも、卓球選手には優勝賞金という大きなボーナスがある。国際大会で一番高い賞金は、優勝10万ドルだ。一つの大会で1000万円ももらえるのだから、これは大きい。

ただし優勝者に10万ドルも出す大会は、そう多いわけではない。ほとんどの大会の優勝賞金は、2万ドルや3万ドルだ。そのかわりベスト8やベスト16に終わると、数万円から10万円の賞金しかもらえない。

試合中にお金のことを考える瞬間なんてほとんどないのだが、決勝戦だけは違う。この試合に勝てば10万ドルをゲットできるが、負けて準優勝に終われば半額の5万ドルしかもらえない。500万円か1000万円か。優勝を決める最終ゲームともなると、1本ボールを打つたびに「1本100万円だ」と自分を奮い立たせる。

【オリンピック、世界選手権】

日本卓球協会の規程によると、オリンピックや世界選手権などでの報奨金は以下のとおりだ。

▼シングルス　優勝＝1000万円、2位＝500万円、3位＝300万円
▼ダブルス（各人）　優勝＝500万円、2位＝250万円、3位＝150万円
▼団体戦（各人）　優勝＝400万円、2位＝200万円、3位＝100万円
（オリンピック）、80万円（世界選手権）

【アジア競技大会】
▼シングルス　優勝＝500万円
▼ダブルス（各人）　優勝＝150万円
▼団体戦（各人）　優勝＝100万円

これ以外にJOC（日本オリンピック委員会）が、オリンピックの金メダルに500万円、銀メダルに200万円、銅メダルに100万円の報奨金を出す。つまり金メダルを取れば、日本卓球協会とJOCを合わせて900万円〜1500万円のボーナスだ。決勝戦で負けて金メダルを逃せば、臨時ボーナスは半減する。こういう明確なインセンティブを提示してくれると、選手のモチベーションはおおいに高まる。

卓球に限らず、アスリートの選手生命はそう長くはない。ビジネスパーソンの皆さんは60歳が定年かもしれないが、多くのアスリートは30代前半には現役生活を終えて

引退する。短い現役生活のうちに、毎年少しでも多く稼がなければならない。アスリートは皆必死だ。

甲子園に出ている野球少年も、Jリーグを目指すサッカー少年も、「あのプロ選手のように1億円プレーヤーになりたい」と夢を描いていることだろう。メジャーリーグやNBA、NFLやヨーロッパのサッカーリーグに入れれば、とんでもないお金を稼げる。中には年俸何十億円も稼ぐとんでもないスーパースターもいる。

私も以前からずっと「卓球で1億円稼ぎたい」と思ってきた。2018年にTリーグができるまで、「卓球＝稼げるスポーツ」という認識は皆さんの中になかったと思う。野球やサッカーに比べると、地味であまり儲からないスポーツだと思われていたはずだ。私はそんな世間のイメージを覆したかった。「卓球は稼げるスポーツだ」と認知してもらいたい。そうずっと願ってきた。

日本卓球協会には、約30万人の登録人口がいる。その中で年収1億円を稼ぐ日本人選手は、おそらく5人くらいしかいない。ほかの競技に比べると、1億円プレーヤーへの道はとんでもなく狭き門だ。そこに行ける卓球選手は、全選手人口のうち0・001％ほどしかいない。まるで宝くじに当たるくらいの確率だ。

郵便はがき

料金受取人払郵便

小石川局承認

1081

差出有効期間
令和5年8月31
日まで

112-8731

東京都文京区音羽二丁目
十二番二十一号

講談社 第一事業局 週刊現代
「単行本係」行

愛読者カード

今後の出版企画の参考にいたしたく存じます。ご記入のうえご投函くださいますようお願いいたします(令和5年8月31日までは切手不要です)。

ご住所 〒

お名前

電話番号

メールアドレス

このハガキには住所、氏名、年齢などの個人情報が含まれるため、個人情報保護の観点から、通常は当編集部内のみで拝読します。

ご感想を小社の広告等につかわせていただいてもよろしいでしょうか?
いずれかに○をおつけください。 〈実名で可 匿名なら可 不可〉

TY 2153126-2107

この本の書名を お書きください。	
ご購入いただいた書店名	（男・女） 年齢　　歳

ご職業　1 大学生　2 短大生　3 高校生　4 中学生　5 各種学校生徒
6 教職員　7 公務員　8 会社員(事務系)　9 会社員(技術系)　10 会社役員
11 研究職　12 自由業　13 サービス業　14 商工業　15 自営業　16 農林漁業
17 主婦　18 フリーター　19 年金受給者　20 その他(　　　　)

●この本を何でお知りになりましたか？
1　書店で実物を見て　2　広告を見て(新聞・雑誌名　　　　)
3　書評・紹介記事を見て(新聞・雑誌名　　　　)　4　友人・知人から
5　その他(　　　　)

●毎日購読している新聞がありましたらお教えください。

●ほぼ毎号読んでいる雑誌をお教えください。いくつでも。

●いつもご覧になるテレビ番組をお教えください。いくつでも。

●よく利用されるインターネットサイトをお教えください。いくつでも。

●最近感動した本、面白かった本は？

★この本についてご感想、お気づきの点などをお教えください。

私がプレーしてきたドイツや中国、ロシアには、日本よりもはるかにたくさんの1億円プレーヤーがいた。中国なんて、1億円プレーヤーはゴロゴロいる。実力さえあればいくらでも稼げる、夢のある世界だ。

ロンドンオリンピックで優勝した卓球選手が、マセラティに乗っているのを見たことがある。Tリーグでもプレーしていたことがある香港の黄鎮廷選手が、真っ赤なフェラーリに乗っているのも目撃した。

プロ選手として思いきり活躍して、フェラーリやポルシェ、マセラティを乗り回す。卓球選手にあこがれる子どもたちには、自分の腕一本で一攫千金をねらってほしい。

組織人として仕事をしているビジネスパーソンの中には、ものすごい才能があるにもかかわらず、不当に安い給料で搾取されている人もいるはずだ。独立してフリーランスになったり、自分の会社を起業してベンチャービジネスを立ち上げれば、卓球のトップ選手のように1億円プレーヤーになれるかもしれない。

会社から「安くて強い」と買い叩かれている自覚があるのなら、思いきって独立し、挑戦してみるのもおもしろいと思う。自分の価値に見合った報酬は、今もらっている給料の2倍、3倍かもしれないのだ。

⑯

人はそれほど自分を見ていない。

「水谷隼カレー」を作ってみた

「水谷隼カレー」がバカ売れしている。東京オリンピックの混合ダブルスで金メダルを取った瞬間、ネット通販であっという間に完売したそうだ。

リオオリンピックで銀＆銅メダルを獲得した直後は、１週間で１年分が売れた。今回はそれをはるかに上回るペースで売れている。大増産中だが、作っても作っても生産が追いつかない。自分の名前がついたカレーが、まさかここまでのヒット商品になるとは思いもしなかった。

ロンドンオリンピック翌年の２０１３年、神奈川県平塚市にあるフリーデンという会社とスポンサー契約を結んだ。ここはユニークな会社であり、「やまと豚」というブランド豚を自社開発し、牧場でおいしい豚を育てている。この豚肉を使い、私の名前を冠したカレーを作りたいとオファーをいただいた。こうしてリオオリンピック前年の２０１５年、「水谷隼カレー」が発売された。

パッケージには、私の名前と写真が大きく印刷されている。ただ名義貸しだけして、商品開発をメーカー任せにしたくなかった。顔と名前を出す以上、私自身が「ウマイ！」となり、自分で買いたい最高のカレーを提供しなければ納得できない。

試食会には自ら参加し、メーカーが作ってくれた試作品を全部試食して注文をつけた。もし味がまずければ、絶対に商品は出さない。最終的に発売にゴーサインを出したのは私だ。

「水谷隼カレー」は、コストを抑えようと妥協することなく、原材料に徹底的にこだわっている。化学調味料はまったく使用していない。「やまと豚」を使うのはもちろんのこと、ジャガイモやニンジン、玉ねぎは国産品を使っている。

レトルトカレーの中には、具がちょっとしか入っていない残念なものも多い。食べた人が満足できるように、200グラムのうち100グラムは具材が占める。具だくさんでボリューミーなカレーだ。甘口のカレーが好みの人もいる。自分に合った辛さに調整できるように、辛味スパイスを別添でつけた。

試食は自分でやっただけではない。発売する前に、いろいろな人に食べてもらって感想を聞いた。私が感じる「おいしい」と、他人が感じる「おいしい」は違う。モニターになってくれた人々の意見を取り入れつつ、最後は自分の「おいしい」を通した。

中には辛口のカレーが好みの人もいる。そこで大人向けに辛さを増量した「水谷隼カレーＢＬＡＣＫ」という新商品も発売した。このカレーには、全部で40種類もの多彩な香辛料がミックスされている。

カレー好きの私は、海外遠征のときによく「水谷隼カレー」をもっていって現地で食べていた。すると物足りなく感じることがあった。「もう一声ボリューミーで、腹ペコな人がおなかいっぱいになるカレーを作れませんか」。フリーデンにお願いして新発売されたのが「水谷隼ハンバーグハヤシ」だ。

小さい子どもにも食べてほしいと思ったので、辛口のカレーではなく、甘みがあるハヤシライスにしてもらった。ハヤシソースのイメージは「お母さんが作ってくれた懐かしい味」だ。小さい頃に母が作ってくれた手料理をイメージして、ハヤシソースを開発してもらった。このハヤシソースに、「やまと豚」を使った約80グラムのハンバーグがトッピングされている。

純粋に「おいしい商品を出したい」と思い、その願いはかなった。これだけおいしいのであれば、「自分の名前をつけて商品化したい」と自信をもてる。もし私がフリーデンで働いていたら、これを商品化しない手はない。それくらいおいしい。

２種類のカレーは税込み５００円、「水谷隼ハンバーグハヤシ」は税込み６００円という値づけだ。原材料にこだわり抜いているので、本当は５００円で売れるような商品ではない。１箱１０００円で売ってもいいと思うくらいだ。８００円や９００円の値段設定にしてもバチは当たらないのに、フリーデンは利益度外視で値段を下げてくれた。そのおかげで多くの人が気軽に手に取れるようになった。

「水谷隼カレー」の存在を今まで知らなかった人にも、このおいしいカレーを一度味わってほしい。東京オリンピックのあと、ほかのメダリストと一緒にテレビ番組に出演する機会が増えた。そのスタジオにカレーをもっていき、出会ったメダリストたちにカレーをプレゼントした。メダリストたちがSNSで紹介してくれたおかげで、売り上げはさらに増えた。

やるからには1個でも多くカレーを売りたい。自称広報担当部長、宣伝マンとして、私は先頭に立って「水谷隼カレー」を宣伝しまくっている。

ちなみに自分の名前を冠した商品が発売されるのは、今回が初めてではない。名前がついたラケットが発売されるのは、トップ中のトップ選手だけの特権だ。14歳で卓球用品メーカーのバタフライと契約したとき「いつか自分のラケットを発売してほしいな」とあこがれた。18歳のときに「水谷隼モデルのラケットを出したい」とオファーをいただき、飛び上がるほどうれしかった。

自分の名前がついたラケットが売られていることは、今でもとても誇りに思っている。「水谷隼」という名前を使ってビジネスをやりたいと言われることは、ラケットにしてもカレーにしても、この書籍にしてもすごくうれしい。

発売されたあとには、商品がどれだけ売れているのか売り上げがとても気になる。自分の名前がついているということは、子どもが生まれたようなものだ。自分の子どもがどう評価されているのか、気にならない親はいないだろう。

「固定給さえもらえていればそれでいい」という雇われ根性では、商品が売れるわけがない。「このカレーはおいしい！」「このサービスはメチャメチャ使える！」と自分自身が感動し、熱狂していなければ、感動と熱狂が顧客に伝わるわけがない。

「全然売り上げが立たなくて困っているんだよ」と嘆くビジネスパーソンがいる。皆さんは自分が顧客の立場になったとき、それを買いたいと本気で思えているだろうか。自信をもって「この商品はすごい！」「人に勧めたい！」と断言できないようであれば、売れるわけがない。二流、三流、安かろう悪かろうの粗悪品をつかまされた消費者はいい迷惑だ。

売れる商品には理由がある。売れない商品にも、売れないだけの理由がある。その当たり前の法則に、思いを巡らせてほしいのだ。

⑰

お金がなければ作ればいい。

ロンドンオリンピック（２０１２年）が終わった直後、バタフライ以外のスポンサーがゼロになった。期待されていたにもかかわらず、私は惨敗してメダルを逃してしまう。ラケット・ドーピングに抗議するため、しばらく国際大会をボイコットすることも決めた（詳しくは後述する）。結果が出せず、収入が途絶え、あのときが卓球人生のどん底だった。

ロンドンオリンピックで負け、全日本選手権で負けて、世界卓球では1回戦負けした。落ちて落ちて落ち続けて、まわりの人間からは「水谷はもうおしまいだ。世代交代だ」とボロカスに言われた。そこから自分の心に火がついた。

その頃、私には指導者と呼べる人は誰もおらず、一人で一匹狼のように何年も卓球をやってきた。「自分のまわりには良い選手も良い監督もいない」「もっと良い環境で卓球ができれば、自分は絶対もっと強くなる」。ずっとそう思っていた。結果が出ないことを環境のせいにして、自分から行動を起こそうとしない。そういう自分にものすごくイライラしていた。

「自分は今相当追いこまれている。一人で卓球をやるのは、そろそろ限界なのかもしれない。誰かに助けてもらいたい」とすがるような気持ちだった。もうあとがない背水の陣だからこそ、死にものぐるいで卓球に打ちこめる。

このまま卓球人生が終わってたまるか。自分の実力はこんなものではない。「もう一度結果を出し、世代交代だと言っているヤツらを見返してやろう」「やるなら今しかない」。2013年10月、清水の舞台から飛び降りる覚悟で中国人の邱建新(チュウジェンシン)さん(元・Tリーグ「木下マイスター東京」総監督)を専属のパーソナルコーチに雇った。

邱さんは青森山田学園で卓球を教えていたことがあり、昔から面識がある。「いくらでもいいので、コーチを引き受けてくれませんか」とお願いした。給料だけでなく、ホテル代や飛行機代といった諸経費も全部自分で払う。かなり大きな負担だ。

自腹を切ることによって、自分で自分にプレッシャーをかけたかったところもある。どん底だった私は、追いこまれる必要があった。スペイン遠征に30万円の自腹を切った中学1年生のときのように、自分の財布で大金を負担する。それで結果を出せなければ、もう終わりだ。そこまで自分を追いこめば、きっと本当の力を出せる。

当時は24歳だったから、貯金の金額なんてたかが知れている。一流のコーチを雇えば、すぐに貯金が底をつくことは目に見えていた。「年間1000万円ほしい」と言われれば、言い値でその金額を払うつもりだった。20歳になってそこそこの若造が、

1000万円の身銭を切るのは並大抵ではない。

邱さんクラスのパーソナルコーチは、世界トップレベルだ。そのコーチを自腹で雇った日本の卓球選手は、少なくとも男子選手の中では私しかいない。ここまで多額の経費がかかる場合、普通は所属チームなりどこかの企業が雇う。誰も金銭的に助けてくれなくても、自己資金でコーチを雇い、強くなりたかった。

1年目の資金は、貯金を切り崩してなんとか払った。問題は2年目以降だ。このまま結果を出せなければ、スポンサー企業は増えず、優勝賞金も稼げない。もしそうなれば、親なり銀行に頼んで借金生活に突入しようと思っていた。借金してコーチを雇うとは常軌を逸しているが、自己破産のリスクを背負ったっていいと覚悟していた。リスクを背負って死ぬ気で戦えば、必ず結果を出せるという確信もあった。

果たして、奇跡は起きた。邱さんをパーソナルコーチに雇ってから、すぐに結果が出たのだ。2014年12月のワールドツアーグランドファイナルで優勝し、10万ドルの優勝賞金をゲットした。これだけで約1000万円だから、邱さんのコーチ代を払ってもお釣りがくる。それ以外にも、賞金200万円や400万円の国際大会でも優勝し、借金生活には突入せずに済んだ。

明確な結果を示したおかげで、救いの手が差し伸べられた。コーチをつけて2年目の2015年から、邱さんの遠征費、飛行機代やホテル代を日本卓球協会が払ってくれると言ってきたのだ。邱さんを中国から日本に呼んだり、海外遠征に同行してもらうだけで、年間数百万円もの費用がかかる。2年目からその負担がゼロになったので、ずいぶん助かった。

結果を出せないアスリートは、たちまちスポンサー企業から見放される。結果至上主義のスポーツの世界では、それは仕方ない。そのかわり、結果さえ出せば「あなたに投資したい」と助けてくれる人が現れる。「捨てる神あれば拾う神あり」だ。

どん底だったあのとき、貯金をなげうってコーチを雇っていなければ、今の私はない。オリンピックでメダルを取れず落ちぶれたまま、卓球人生を終えていただろう。

なぜあのとき、貯金をはたいて大勝負に打って出られたのか。競馬やパチンコにハマっているわけではないが、私は人間的にギャンブラーの要素が強いと自覚している。情勢を大局的に判断し、手持ちのチップをオールインしたほうがいいときには、思いきって身銭を全部賭けてしまう。戦いに負ければ一文無しだが、読みが当たれば賭け金は何倍にもなって返ってくる。

大きなお金を張ることには、もちろん強い恐怖心がある。しかし、「今だ。ここで張ってしまえ」と大金を投じる瞬間の、なんと潔く清々しいことか。追い詰められていた私の読みは見事に当たったのだ。

アスリートには、お金を稼げる試合という場所がある。だからたとえ借金する可能性があっても怖くない。借金して手持ちのお金がマイナスになったとしても、そのぶんは試合で勝って取り返せばいいからだ。卓球台の前に立った私が、何をすればいいのか。私がやるべき仕事は、試合で勝つことだけだった。

私の心にはハングリー精神が満ちあふれ、「なんとしてでも勝つ」と闘争心が燃え盛っていた。「ここで勝たなければ破滅してしまう」というほど追い詰められれば、人間誰だって火事場のバカ力が出る。

子どもの進学や留学、お店の新規開店、店舗のリニューアル、従業員の増強など、読者の皆さんにもひとヤマ張らなければならない局面が必ずある。その局面で怖れおののくことなく、人生のギャンブラーとしてどこまでヤマを張りきれるか。ローリスク・ローリターンではなく、ハイリスク・ハイリターンでひとヤマ張ってしまう。人生に一回くらい、そんなギャンブルがあってもいいはずだ。

ロシア時代の食事。
卓球のため世界各国で生活したが、やっぱり日本が一番快適だと思う。
自身で開発に関わった「水谷隼カレー」は遠征の強い仲間になった

第4章 成果を摑む人間関係

⑱

大舞台で階段を上れ。

最強の後輩・張本智和の弱点

２０１７年の世界卓球で、張本智和選手が代表に選ばれた。13歳６ヵ月は日本史上最年少だ。シングルス２回戦は日本人対決となり、私は敗れてしまう。翌２０１８年の全日本選手権では、シングルスの決勝戦で彼と当たった。ここで私が勝てば、全日本V10達成だ。ところがまたしても私は負けてしまう。私が達成した全日本選手権男子シングルス史上最年少優勝（17歳２２６日）は、14歳２０８日まで大幅に更新された。

卓球は個人競技だから、同じ日本人選手だからといって馴れ合うべきではない。ナショナルチームで一緒にトレーニングしていても、全員がライバルだ。丹羽孝希選手や張本選手よりも私の成績のほうが良ければ、私が東京オリンピックでシングルス代表に選ばれていた。いくら普段親しくしている選手であっても、試合では敵だと思って全力で倒しにいかなければならない。

かつて私は、全日本選手権で先輩の岸川聖也選手とダブルスを組んだことがある。ダブルスでは味方同士なのに、シングルスでは岸川さんは敵だ。シングルスで岸川さんを倒したあと、同じ日にダブルスの２試合目を戦わなければいけなかった。

試合に負けたばかりの岸川さんは「水谷の顔なんて見たくない」というほど悔しいに決まっている。さすがに自分から声をかけることは憚られた。２試合目のダブルスの前には、2人で練習しなければならない。岸川さんが何か声をかけてくれるのを、じっと待つしかなかった。「悪いけど、次の練習は別々にしてもらってもいいかな」と言われたら、岸川さんの意見を尊重しようと思っていた。

北京オリンピックのアジア予選に、岸川さんと私の2人で出場したことがある。一緒の部屋で寝泊まりしているのに、なんと私と岸川さんがオリンピックの代表権争いをすることになった。結果として勝った私は、とんでもなく気まずい。ホテルの部屋でどう振る舞っていいのかわからず、とにかく複雑な心境だった。

ついさっきまで同じ部屋で寝泊まりし、一緒に練習していたのに、オリンピック出場を左右する戦いでは「殺るか殺られるか」という一騎打ちになる。ここが団体競技では感じられない、卓球という個人競技の厳しさだ。

卓球選手である以上、ライバルになりうるほかの選手と仲良く戯れることなんてできない。メダルがかかったオリンピックのシングルス戦のように、人生を左右する場面で日本人選手と戦う可能性もあるわけだ。そこで情が入れば、メンタルがモノを言う卓球では絶対に勝てない。

私は若い頃、情にほだされる弱点があった。全日本選手権の大事な場面で、毎日のように一緒に過ごしている選手と当たったことがある。「彼にだったら負けてもいいかな」と甘い気持ちが頭をよぎった瞬間、試合に負けかけた。試合中に対戦相手に情けなんてかけたら、一生後悔する。この試合以降「相手はオレを倒しにきている敵だ」と思って、全力で戦うようになった。自分の中から情を消し去った。

以来、どの選手と一緒に過ごしていても、誰にも心を許せなくなった。本音をぶちまけてしまえば、ライバルに自分の弱点をさらけ出すことになる。どれだけ仲が良い卓球選手でも、自分の心の奥底は見せたことがない。誰にも心を開かず、自分の世界に貝のように閉じこもって戦う。誰かと群れていたら、たちまち試合に負けて代表の座を奪われる。卓球は、誰とも群れることができない孤独なスポーツだ。

東京オリンピックで、私は丹羽選手と張本選手と一緒に団体戦に臨んだ。なんとしても試合で勝ち上がり、メダルを獲得したい。私は32歳、張本選手は18歳と、年の差が14歳もある。初めてオリンピック代表に選ばれ、ナーバスになっている彼を励ますため、「頼もしいお兄ちゃん」役を演じることにした。毎日のように２人で一緒にサウナや大浴場に出かけ、自分の経験をもとにたくさん話をしたものだ。

男子シングルス代表に選ばれた彼は、メディアから「メダル候補」と持ち上げられてすごく緊張していた。オリンピック期間中に練習をガンガンやりすぎて「肩が痛い」と言っているし、焦っていることは目に見える。とにかくたくさん練習しないと落ち着かなかったのだろう。彼のプライドを傷つけないように、言葉を選んであれこれアドバイスした。

張本選手はまだ若いこともあり、感情的になりやすい。誰かからちょっと何か言われると、すぐふてくされてしまう。でも私が言うことには、カッとなって反発することもなく真面目に素直に聞く。

オリンピックのシングルスでは、一国につき男女各2人しか出場できない。世界卓球は一国5人出られるから、メダルはいつも中国人選手が独占だ。オリンピックには中国人選手が2人しか出られないため、私がリオオリンピックのときに実現したように、日本人が銅メダルを取れるチャンスがある。張本選手にもチャンスがあった。

2021年3月、カタールで開かれた国際大会で彼は優勝している。オリンピック直前の大会だから、本人も「イケるんじゃないか」と思ったはずだ。そう思った瞬間、挑戦者ではなくなってしまう。

2018年1月の全日本選手権で私に勝って以降、張本選手は大きな大会で3年間ほとんど勝ち切れていない。大きな大会になると弱気でナーバスになり、守りに入ってしまうのだ。普段は強気なプレーなのに、大きな大会だと守備的なプレーが多くなる。攻める試合で跳ね返されて負けるのではなく、防戦一方で相手に攻め切られてしまう。この負のスパイラルから抜け出すことが、これからの彼の課題だ。

厳しい言い方になるが、防戦一方の張本選手はまったく冴えない。リスクを冒して自分から攻めず、守りに入って相手のミスを待つ。弱い選手が相手なら、こういう戦術でも点数が取れる。だが、世界トップクラスの選手は、待っていてもミスなんてしてくれない。それどころか、ゲームごとにどんどん調子を上げてくる。世界レベルの選手と対戦するときは、リスクを背負って攻撃的に戦わなければとても勝てないのだ。

東京オリンピックでは、張本選手を手ぶらで帰したくなかった。男子団体の3位決定戦ではまったく油断することなく必死で戦い、日本チームは銅メダルを獲得した。張本選手は一つ階段を上ったわけだ。銅メダルや銀メダルに比べて、金メダルが置かれている階段の位置はとんでもなく高い。張本選手なら、必ずその高みに到達できる。

オリンピックの借りは、オリンピックでしか返せない。弱点を克服し、2024年のパリオリンピックでメダルを取ってほしい。張本選手には心から期待している。

⑲

異質な存在が勝利を呼び込む。

最強の相棒・伊藤美誠の場合

伊藤美誠選手が初めて我が家にやってきたのは、彼女が5歳か6歳の頃だったと思う。高校生だった私は、青森山田学園に所属しつつドイツへ卓球留学していた。静岡に帰省するのは、唯一年末年始だけだった。強い卓球選手がいると聞いて、幼い彼女はお母さんと一緒に私に会いに来たのだ。

彼女は私の父が開設した「豊田町卓球スポーツ少年団」で卓球をやっていた。水谷家と伊藤家は車で5分くらいの場所にあり、街中でバッタリ会うこともよくあった。お兄ちゃんと妹みたいな感じで自然と親しくなり、お互いの家を行き来し合う家族ぐるみのつきあいになった。「ジュン」「ミマ」とファーストネームで呼び合い、彼女は年上の私に対して今も普通にタメ口を利く。

7歳か8歳になると、彼女は小学生の大会で優勝するようになった。取材に来ていたテレビ局のスタッフに「この子は将来全日本選手権で優勝するので、今のうちに映像を残しておいたほうがいいですよ」と声をかけたことがある。予想どおり、彼女はたちまち女子卓球のトップ選手へと成長した（よもやオリンピックの混合ダブルスでペアを組むようになるとは、思いもしなかったが）。

彼女に限らず、女子選手と接するときには神経を使う。男女は価値観がまったく異なるし、男と女はお互い想定していないことを考えているものだ。良かれと思って発した言葉によって、女性が傷つくこともある。「この人はどこまで踏みこんだ言い方をしてもOKなのか」と反応を注意深く見ながら、丁寧にコミュニケーションを取る。

私は試合にノーパンで臨むジンクスがあり、雑談中に話の流れから、早田ひな選手に「女子はノーパンなんてありえないよね」と軽口を叩いたこともあった。セクハラだと言われかねない御時世だから、こういう冗談を言うときには慎重に相手を選ぶ（ちなみに伊藤選手にはこんな冗談は絶対に言わない）。

混合ダブルスを組むことになってから、彼女と一緒に練習する時間が増えた。もしダブルスを組んでいなければ、彼女と口を利く機会はまったくなかったと思う。伊藤選手（20歳）や平野美宇選手（21歳）とは、10歳以上年齢差がある。石川佳純選手（28歳）とは年齢が近いし、10年以上一緒にナショナルチームで卓球をやってきた。ご飯に誘ったり卓球の話をする機会は、石川選手のほうが圧倒的に多い。

すでに述べたように、私たちは不可能を可能にする奇跡の逆転劇によって、混合ダブルスの決勝戦に進んだ。決勝の相手は卓球王国・中国だ。

第1ゲームと第2ゲームは、5―11、7―11と中国に連取された。伊藤選手が積極的に攻めることが私たちのペアの強みなのだが、彼女の調子が上がらない。この情況の中で私は何ができるか懸命に考えた。

私が伊藤選手だったら、凹(へこ)んで動揺するところだ。なのに2ゲーム連取された後の打ち合わせで、彼女はミスを意に介することなく「次はこうしてみようか」とポジティブに提案していた。しかもタメ口だ。こういう鋼のメンタルが、彼女の強さなのだと思う。

このままでは、決勝戦で何もできないまま終わってしまう。それだけは絶対に嫌だった。そこから戦術を変えて慎重さを排し、もっと積極的に攻めることにした。それが功を奏して、第3ゲームから第5ゲームまで日本が連取した。第6ゲームは中国に取られ、勝負は最終ゲームにもつれこむ。

ポイントを次々と奪い、私たちは金メダルに王手をかけていた。中国チームの許昕選手はボーッと遠くを見ているし、劉詩雯選手はずっと苦笑いしながら私の目を見ている。今まで試合をしてきて、こんなに動揺した中国人選手は一度も見たことがない。

「はじめに」で記したとおり、中国チームの2人とは対照的に、私の足はガクガク震えていた。あまりのプレッシャーに武者震いが止まらなくなってしまったのだ。ところが隣をチラッと見ると、伊藤選手は気持ち良さそうに笑っている。普通の卓球選手は、試合が終わる瞬間までバチバチの緊張が解けない。いわゆる「ゾーン」に入った彼女は、やることなすこと自分が思うとおりのボール運びを見せた。ただでさえ強いサイヤ人が、超（スーパー）サイヤ人に化けたかのようだった。

卓球選手の男女の実力差は、皆さんがイメージしているよりもずっと大きい。混合ダブルスだと「男：女＝8：2」が一般的だ。男子選手と女子選手がもしシングルスで対戦したら、男子選手のほうが圧倒的に強い。混合ダブルスで女子選手から打ち返されたボールは、男子選手にとっては全部チャンスボールのようなものだ。試合では男子選手がひたすら攻め、女子選手はミスせず返球する。これが通常の混合ダブルスだとイメージしてほしい。

伊藤選手のスタイルは、ほかの女子選手とは明らかに異質だ。彼女の戦型はリスクを背負って攻める攻撃型であり、返球は全部攻撃的に打ち返していく。ほかの混合ダブルスペアの実力差が「男：女＝8：2」だとすると、私はいつも「6：6」か

「7：7」、ときには「8：8」というイメージでプレーしていた。彼女の戦型は、女子選手の中ではそれくらい突出して攻撃的なのだ。

混合ダブルスをやるとき、普通の女子選手は「男子選手の足を引っ張らないようにしなきゃ」から始まる。おそらく伊藤選手は、いつも「ジュンに任せていられない。私がなんとかしなきゃ」と思っているはずだ。

そんな彼女が攻撃せず守りに入った瞬間、私たちのペアは一気に弱くなる。彼女が攻めることが、私たちのダブルスの強みだ。だから攻める姿勢を失ってしまうネガティブな言動は絶対にしないよう心がけ、「ミマには自分の好きなように卓球をやってほしい」という姿勢で伊藤選手に接してきた。そのやり方がうまくいき、私たちは日本卓球史上初のオリンピック金メダルを取れた。

伊藤選手のポテンシャルは、ズバ抜けて高い。鋼のメンタルをもつ彼女は、競ったときに何を考えているのか相手に読ませない。セオリーを無視し、いきなりワケのわからないことをやってくる彼女のような選手に、対戦相手は恐怖心を抱く。競ったときに思いきったことをやれるということは、並外れた勇気の持ち主なのだろう。

⑳

人間関係の緊張をうまく分配せよ。

中学2年生のとき、静岡の実家を出て青森山田中学に転校した。学校の授業には、ほとんど出席していないが、青森山田高校に進学してからもそれは変わらなかった。青森山田学園では、中学生や高校生、青森大学卓球部の先輩が寮で共同生活を送る。中高生から見たら、大学生なんて完全に大人だ。ただでさえ年が離れた人は怖いのに、先輩から強い圧力がかかった。

卓球部に「ジン」という名前の部員がいた。「おい、ジ（ユ）ン」と呼ばれると、音が似ていてどちらが声をかけられているのかわからない。2人で同時に返事すると「お前じゃねえよ！」と「ジン」がボコボコにされたことがある。今思い返しても、あまり気持ちのいい記憶ではない。

上級生からいびられていたら、卓球なんてうまくならない。そこで上下関係の厳しい環境ならではの自己防御法を思いついた。卓球部で一番偉いトップ・オブ・トップ、監督との距離を詰めることにしたのだ。

青森山田学園に転校した時点で、私はチームの中で圧倒的に強かった。15歳のときには、当時史上最年少で世界卓球日本代表に選ばれたのだから当たり前だ。上級生からも一目置かれていたものの、先輩が言うことに歯向かったり、生意気な態度を取れるわけでもない。私のことをおもしろく思わない先輩もいるかもしれない。そこで、意識的に監督との距離を詰めるようにしたのだ。卓球の実力に関しては私が一番だったから、監督は私の言うことに耳を傾けてくれた。

普段いくら後輩の前で威張っていても、監督が言うことには先輩は一切逆らえない。私だけは、例外的に監督に物申すことができた。だから大学生から「水谷、監督に休みがほしいと言ってくれよ」と頼まれるようになった。

監督が「練習だ」と決めれば、いくら疲れが溜まっていてもなかなかブーイングなんてできない。私が「すみません、ちょっと疲れたので休みがほしいです」と頼むと、「水谷が疲れたと泣きを入れてくるとは、さすがにちょっとハードにやりすぎたか」と監督の心が動く。「おい、みんな明日は休みだ」と臨時休暇をもらえる。「水谷、ありがとう」と口々に感謝された。こうなればいじめられる心配はない。

青森山田学園卓球部は実力至上主義だったので、卓球が弱い高校生は「お前は練習場の掃除をやっておけ」と監督から命令されてしまう。年少者が卓球をガンガンやっているのに、雑用で時間を取られたくない。だからみんな必死で食らいついた。私も「誰よりも卓球がうまくなって一生パシリをしないぞ」と誓った。

進学した明治大学でも大学1年生と4年生の間には「王様と徒弟」くらいの格差があった。こういう環境の中でも、大学生時代の私がパシリに使われたり、いじめに遭ったことは一度もない。明大でも圧倒的に卓球が強かったからだ。

大学に進学してからも、それまでと同様にトップ・オブ・トップである監督とコミュニケーションをとるようにした。監督の前では、王様も徒弟も同じ選手だ。強い選手だけが試合に出る権利があり、弱い選手は3年生だろうが4年生だろうが特別扱いしてもらえない。

青森山田時代のメソッドを使い、先輩が監督に言いづらいことを私が代わりに伝えた。反対に、監督が選手に直接言いづらいことがあるときには、私をメッセンジャーに使ってもらう。監督目線も選手目線も両方わかる私は、チームのパイプ役として振る舞った。そのおかげで、大学時代に上下関係で揉めたことは一度もない。

大学4年生になったとき、私がキャプテンに指名された。後輩にパシリや雑用をさせたり、上下関係によって年少者を支配する悪しき伝統は、私の代で全部ストップさせる。暴力やいじめなんて論外だ。前からそう決めていた。キャプテンになった瞬間、「王様と徒弟」の世界を崩壊させた。まず自分が率先して後輩に対してフレンドリーに接し、卓球部の雰囲気を変えることに努めた。

新入生にとっては、それが明大卓球部の当たり前の姿だ。新1年生は入部直後からフレンドリーで、私をボロカスにいじってじゃれてくるようになった。後輩からいじられたからといって、いきなりキレたりしない。大学生時代にキレたことなんて一度もないし、みんなとは仲良く友好的に卓球をやってきた。

スポーツ界の一部では、今も昭和の体育会系体質が残っているようだ。指導者や先輩によるいじめや暴力、パワー・ハラスメントが告発され、大きなニュースになることもある。上下関係に厳しいのは、日本の悪い伝統だ。今もパワハラ体質が巣食っている組織があるのなら、早く膿を出し切って再生してほしいと願う。

なぜ体育会系の上下関係がいつまで経ってもなくならないのか。自分が後輩時代にされてきた嫌なことを、先輩になったときに後輩に強いる。そんな悪い伝統を先輩から後輩に引き継ぐ負の循環は、誰かが断ち切らなければならない。

1年生がパシリに使われたり、先輩が後輩をネチネチといびる。こういう体質が横行しているようでは、選手は自分がもっている素晴らしい能力をフルに発揮できない。競技に集中できる時間も減ってしまう。アスリートである以上、まわりの大人は競技に集中できる環境を選手に提供するべきだ。

なお私は、学生時代から今に至るまで、いろいろな学校の監督と積極的に連絡を取ってきた。卓球界の監督は怖い人が多いので、自分から連絡を取ろうとする人は少ない。面倒くさい監督となんて、関わりたくないという人のほうが多いのだろう。

私はそのチームが優勝したと聞くと「おめでとうございます！　今度お祝いのご飯に一緒に行きましょう！」と一報を入れる。どこの監督もそんなふうに選手から声をかけられたことはないから、私から連絡をもらってうれしく思ってくれたようだ。まわりから嫌われている人、怖いと思われている人であっても、生身の人間は優しくて温厚なものだ。自分から歩み寄って率直に話をすれば、卓球界全体の向上につながる。

読者の皆さんの職場や学校も、人間関係のいざこざや軋轢のせいで息苦しいかもしれない。そんな組織の風通しを良くするために、私の体験が参考になれば幸いだ。

㉑ 家族に甘やかされない。

妻とは私が17歳、彼女が14歳のときにつきあい始めた。それから6年半もつきあい、24歳になった2013年に結婚した。2014年には長女が生まれ、すくすくと育っている。妻とはすでに、人生のほぼ半分を一緒に過ごしているわけだ。

結婚するまでの私は「ほかの卓球選手と自分は同じじゃない。別の存在だ」と思って孤立していた。14歳のときから海外生活を送ってきたし、誰も成し遂げたことがない「史上初」の結果をずっと出し続けてきた。そんな自分の気持ちは、誰にも理解できるわけがない。どこかで「お前らと自分は違う」と思っていたのだ。

だからまわりの人間に対して、自分から壁を作っていた。特に大学を卒業するまでは、遊びに誘われても全部断った。卓球関係者が集まる飲み会なんて絶対行かなかった。自分はずっと一匹狼で生きるのだと思っていた。

結婚してから尖った部分がなくなり、以前とは考えられないほど丸くなったと思う。まわりの人からも「水谷さん、穏やかになりましたね」と言われることが増えた。

子どもができてからは、なおさら家族に癒やされる時間が増えた。一人暮らしをしていた頃、心が落ち着いて癒やされる存在なんて何もなかった。いつも一人で卓球のことばかり考えていて、心からホッと休息できる瞬間なんてない。親になって初めて、子どもとはなんと愛おしい存在なのかと気づいた。無条件に、それこそいくらでもシャワーのように愛情を注げる。

妻は元卓球選手なので、私がどれだけ過酷な生活を送っているかよく知っている。海外生活が続き、遠征も数多い。国内外をほとんど一年中飛び回っている状態だ。そういう職業であることを理解したうえで、妻は私と結婚してくれた。

卓球の練習や試合が忙しくても、「早く家に帰ってきて」と文句を言われたり揉めたりしたことはない。もちろん私も、世界のどこにいようがＬＩＮＥ通話を使って毎日妻と連絡を取る。特に子どもが生まれてすぐの時期は、テレビ電話機能を使って父親の顔を子どもに毎日見せるようにしていた。そうやって工夫すれば、どこにいようが家族との距離は縮められる。

あまりにも仕事が忙しすぎて、家族との関係がギクシャクしている読者もいるだろう。家で過ごす時間が短くても、その時間を誰よりも濃密に過ごす。

ありがたいことに、妻は専門学校に通って管理栄養士やマッサージ師の資格を取ってくれた。卓球以外はインドア派の私は、外に出かけたがるタイプではない。自宅にいても卓球選手としてベストコンディションを保てるように、妻は全力でサポートしてくれた。第一線の現役生活を終えた今、妻の涙ぐましい努力に深く感謝している。

卓球のメダリストだからといって、亭主関白で威張っているわけではない。自宅に戻れば、妻との関係は完全に対等だ。むしろ妻の発言権のほうが強い。友人たちと大いに騒いで帰宅したら、家のチェーンが掛けられていて締め出されたこともあった。

人間誰しも、バラエティ番組でお笑い芸人やタレントと共演していればいい気になる。華やかなスポットライトに当たり、増長していい気にならないように、妻は「テレビに出ているからって調子に乗らないでよね」とビシッと釘をさしてくれる。

華やかなスポットライトに当たっている人なんて、世の中のほんの一部だ。たとえ無名で誰にも知られていなくても、陰で黙々と自分の仕事に励む。その人たちのことを下に見たりバカにするような、思い上がった人間であってはならない。妻の存在は、私が勘違いして道を踏み外さないための大切なストッパーだ。

妻と子がいてくれたおかげで、一匹狼のようにささくれだった私の心に光が射しこみ、潤いが生まれた。愛する家族の生活を守り、子どもに誇らしい父親だと思ってもらいたい。私はこれからも、家族のために父親としての責務をまっとうしていく。

東京オリンピック前のカタールオープンで
伊藤美誠選手と

第5章 茨の道を怖れない

㉒

手の内を見せず、密かに自分を進化させる。

2020年のはじめには、まさか東京オリンピックが1年延期されるとは誰一人として予想していなかった。突如始まった新型コロナウイルスによるパンデミック（感染症の世界的大流行）は、世界の風景をガラリと変えた。

それまではビザなし渡航で世界中どこへでも飛んで行けたのに、国際大会は軒並み中止に追いこまれた。練習場もスポーツジムも閉鎖され、外食にも出かけられず、人にも自由に会えず、リモートワークでひたすら家に引きこもれと煽り立てられる。アスリートに限らず、こんな状況では誰だってメンタル面がやられてしまう。

2021年7月に入って開会式の日が近づいてきても、オリンピックが本当に開催されるのかどうか、誰にも行方はわからなかった。実のところ、5月か6月まで「結局オリンピックは開かれないかもしれないな」とあきらめかけていた。「なんとか開催されそうだな」と期待していると、誰かの失言が飛び出して世論が沸騰する。もう大丈夫だろうと安心していたら、またしても不祥事が噴出してオリンピックが批判にさらされる。ジェットコースターのような荒波に4～5回もさらされ、私はそのたびごとに心を激しく揺さぶられた。

私以外の卓球選手は、東京オリンピックが中止されても2024年のパリオリンピックがあるし、2028年のロサンゼルスオリンピックもある。世界卓球や全日本選手権など、ほかの大会だっていくらでもあるわけだ。

私は今回で現役生活の第一線を退くと決めていた。東京オリンピックが開かれないのであれば、何のために今こんなに必死で練習しているのかわからない。中止とわかっていたら、1年前にとっくに卓球をやめていた。

メンタル面でのキツさはあったものの、パンデミックのせいで大会がすべて中止されたこと自体は、実はまったく影響がなかった。読者の皆さんは意外に思われるだろう。目の疾患に苦しむ中、2019年以降の私は卓球の試合が怖くなっていた。

負けて自信をなくすよりは、試合を全然やらずにいきなりオリンピック本番を迎えたほうがいい。そう思っていたから、試合が全部なくなったことは、私にとって前向きでポジティブな要素だったのだ。

新型コロナのせいで、2020年3月から1年半、私はほとんど試合に参加していない。1年半も時間があれば、人はいくらでも変われる。特にスポーツ選手のプレースタイルは、1年半も経てば変化は著しい。それだけ時間があれば、まったく別の選手になれると言っても過言ではないくらいだ。

混合ダブルスの決勝戦で、私と伊藤美誠選手は中国の許昕・劉詩雯ペアと対戦した。それまでの彼らとの戦績は0勝4敗だ。パンデミックが始まる直前、2020年2月1日のドイツオープンでも彼らに敗北している。相手にとってみれば、こちらの研究材料は1年半前までのものしかない。古い対戦映像を研究して決勝戦の戦術を組み立ててくることは、あらかじめお見通しだった。これは完全に好都合だ。

パンデミックを意に介さず、中国はオリンピック直前までけっこうな頻度で試合をやっていた。これまた好都合なことに、それらの試合の映像は全部インターネットで観られる。私と伊藤選手は映像を細かくチェックし、許昕・劉詩雯ペアのここ1年半の戦術、長所や短所、弱点を全部分析済みだった。奇しくもパンデミックのおかげで、事前の準備と研究は日本のほうが勝っていたのだ。

前述のように、中国との決勝戦は伊藤選手の調子が上がらず、第1ゲームと第2ゲームをいとも簡単に連取されてしまう。この瞬間、彼らは「よし。このまま行けばいい。自分たちがイメージしてきた練習は正しい。この戦術のまま行けば、日本を簡単に倒せる」と油断したに違いない。そうなればこっちのものだ。

第3ゲームから、私たちは劣勢を立て直して3ゲームを連取した。あれだけ簡単に最初の2ゲームを取ったのに、次は3ゲームも連続して日本に取られてしまった。「こいつらは何をやっているんだ。事前に組み立ててきた戦術がまるで通用しないじゃないか」。彼らの思考は停止し、何をやっていいのかわからずパニックに陥った。

あの試合は、第1ゲームと第2ゲームを0―2で中国にあっさり取られたことが、実は展開として良かったのだ。もし、序盤から1―1でもつれていたら話は違った。相手も油断せず集中して「こうやろう」「ああやろう」と1ゲームごとにしっかり対策を立てて対応したはずだ。序盤で2ゲームをあんなに簡単に取ったのに、そこから見違えるように逆転されれば、選手や監督も戸惑ってあわてる。

最終の第7ゲームに突入してからも、完全にこちらのペースだった。もう負けられない勝負どころになったら、中国チームは必ず1年半前に日本に勝ったときの記憶を呼び起こすと思っていた。2021年夏の伊藤選手と私は、1年半前の2人とは別モノだ。過去の私たちと今がイコールだと彼らが勘違いしたのは、取り返しがつかない判断ミスだった。

俗に「神ラリー」と呼ばれる打ち合いは、中陣から打つことが多い。決勝戦の最終ゲームでは、前陣からどんどんボールを打ちこみ、序盤から猛烈なスタートダッシュをかけた。「水谷と伊藤のペアは、１年半前とはまったく戦術が違う。まずい……」。戸惑う彼らを尻目に、一気に攻勢を掛けた。

インターネットとスマートフォンとユーチューブの時代には、あらゆる情報がフルオープンになる。人・モノだけでなく、情報もあっという間に国境を飛び越える。それがグローバリズムの時代だ。

パンデミックのせいで、永久に続くかと思われたグローバリズムに突然ストップがかかった。まるで鎖国時代のように、すべての国が国境を閉ざして内に引きこもってしまった。この状況を吉と見るか凶と見るか。

究極のポジティブ・シンキングの立場に立てば、たとえパンデミックが吹き荒れようが戦いはいくらでも続けられる。敵に手の内を見せることなく、誰にも知られないように閉ざされた扉の中で密かに自分を進化させればいい。

パンデミックが起きたのは不運ではある。でもそのバッドラックを逆手に取ったおかげで、私たちは中国に打ち勝って金メダルを手にできた。自分が置かれた状況を嘆いたところで、状況が好転するわけではない。何メートルも先の針に糸を通すように、今いる場所でできる可能性を必死で模索する。そこから活路は開けるのだ。

㉓

不正は告発する。その結果には囚われない。

「選手生命と進退をかけてもいい。こんな不正をいつまでも許すわけにはいかない」

ロンドンオリンピック直後の２０１２年秋、私は卓球界で横行してきたラケット・ドーピングを告発した。国際大会のボイコットを宣言し、世界の卓球界に一人でケンカを売った。

２００８年の北京オリンピックまで、多くの卓球選手がラケットとラバーの接着時に「スピードグルー」と呼ばれる接着剤を使用してきた。この接着剤は揮発性の溶剤であるため、まるでシンナーのような強い臭いを発する。

北京オリンピック直後の２００８年９月、ＩＴＴＦ（国際卓球連盟）は「スピードグルー」の使用を禁止した。それに続いて、ラバーに接着剤や接着シート以外の余計なものをつけることも禁止している。ところが多くの卓球選手は、補助剤を密かに使い続けていた。

補助剤はほぼ無臭のため、検査機を通しても不正ラケットはスルーしてしまう。これでは違反を摘発することはできない。検査態勢が脆弱なのをいいことに、外国人選手は公然とルール違反を犯し続けてきた。

卓球というスポーツは、用具の差が試合を大きく左右する。昔の試合の映像を見ると、外国人選手のボールはビックリするほどよく跳ねる。昔のボールは、今のように硬いプラスチックではなかった。かつてのボールは柔らかかったため、不正ラケットで弾くとすさまじい回転がかかる。するとバウンドしたときに、上に跳ねたり沈んだり変幻自在の変化球になるのだ。

「そんなものは、努力でカバーすればいいではないか」と言われたことがある。それは今の卓球を知らない人が言うことだ。現役選手は皆、用具の差のせいで試合に勝てないことに苦しんでいた。

用具さえフェアな状態であれば、勝てた試合はたくさんあったはずだ。インチキをやりたくない私は、断固として不正ラケットには手を出さなかった。これではハンディキャップマッチをやっているようなものだから、ただでさえ強い外国人選手にはまるで歯が立たない。

フェアであれば、自分の強さを証明できる。ラケット・ドーピング告発によって用具がフェアになれば、自分は必ず勝てる。卓球選手としての本当の強さを証明するために、勇気をもってたった一人で卓球界の不正に立ち向かった。

北京オリンピック以降、不正ラケットの存在に気づいていた私は、２００９年から事あるごとにラケット・ドーピングについて声を発してきた。前述のルール変更はあったものの、ＩＴＴＦは補助剤使用を根絶するための大なたを振るってくれない。日本卓球協会も、不正を止めるために矢面に立って戦ってはくれなかった。

そうこうするうちに3年が過ぎ、ロンドンオリンピックでも不正ラケットは堂々と使われた。まわりの大人が誰も動いてくれない中、もうこれ以上は我慢ができないと思ってボイコットを宣言した。幸い、日本国内では不正ラケットを使う者は誰もいない。これで何も状況が変わらないのであれば、最悪、国内で一番であることを示していけばいいと思った。

オリンピック選手は全員尿検査を受け、ドーピングが発覚したときにはメダルを剝奪される。国家ぐるみでドーピングをやっていたことがバレたロシアは、丸4年間も国際大会から追放される厳しい処分を受けた。

なのに卓球界では不正が平気でまかり通っている。ロンドンオリンピックでその実態を目にした私は「ここまでひどい世界があるのか」と呆れ果てた。こんなメチャクチャなインチキが是正されないのなら、卓球なんてやめて引退しようと思い詰めた。

私の告発はメディアで大きく報道され、日本卓球協会がＩＴＴＦに是正を求めるといった動きも起きた。選手生命を失い、卓球界から消されかねないリスクを負ってまで、あのとき声を上げた意味はあると思っている。

２０１３年１月の全日本選手権で、私はロンドンオリンピック以来初めて公式戦に復帰した。２０１３年２月には、クウェートで開かれた国際大会に半年ぶりに復帰している。完全に問題が解決されるまでボイコットを続けていたら、現役で活躍できる時間はどんどん奪われてしまう。

満額回答が出るまでハンガーストライキを続けるのは、無謀で不毛な戦いだ。それよりも現役選手として卓球をやりながら、偉い人々に物申す自分でありたい。問題を告発して一石を投じ、爪痕を残せたのだ。ヤケの捨て鉢にならず、「よし。ここからもう一回卓球を始めよう」と納得した。

ロンドンオリンピックまでの私は、コントロールとスピードがバランス良く出るタイプのラケットを使っていた。ラケット・ドーピングをしている選手が放つボールは、不正のおかげで威力がものすごい。彼らに対抗するため、スピードと威力が強く出て、ボールが弾むラケットに用具を変えた。このラケットはコントロールが難しい。用具変更のせいで落ちたスペックは、練習によって補えばいい。威力はラケットによって上げる。コントロールは練習によって高める。こうして私は、不正ラケットを使う海外選手と同じ威力を出せるようになった。

ボールがプラスチックに変わった2014年前後は、試合中にボールがしょっちゅう割れることがあり、波乱だらけだった。とても商品とは呼べない劣悪なボールが、未完成品のまま流通していたのだ。メーカーにより、ボールの弾みが全然違うことにも閉口した。そういう状態が2年ほど続いた後、ボールの状態は飛躍的に改善された。

残念ながら、補助剤によるラケット・ドーピングが横行している現状は、今も変わっていない。だが告発から長い時間が経ち、状況は変わった。用具メーカーのイノベーションによって、ラケットやボールの性能は見違えるほど進化した。用具が変化したおかげで、外国人選手がこれまでもっていた利点が試合で出しづらくなっている。

私がずっと求めてきたのは、今の卓球界だ。昔は不正ラケットを使っている相手に勝ち目はなかったが、今は日本人選手であっても彼らと同等に戦える。不正ラケットなんて使わなくても、張本智和選手は外国人選手と対等に戦い、勝てる可能性は高くなってきた。外国人選手が不正ラケットを使ったところで、メーカーの技術力と選手の技術力がインチキを上回る。イノベーションが不正に打ち勝ったのだ。

㉔

なぜ目が……？
「理解されないこと」が、
一番苦しい。

あれ、ボールはどこへ行ったんだ……⁉

試合中、突然ボールが見えなくなった。

初めて目に異変が起きたのは、２０１３年1月の全日本選手権だ。普段はミリ単位の精度でボールの動きを正確に見極められるのに、いきなり視界からボールが消えて見えなくなった。

この年に、全日本選手権の会場にＬＥＤライトの広告が初めて導入された。当時の映像を見返してみると、白く光る範囲が異様に大きな広告がある。その広告が視界に入ると、ボールがラケットの角に当たるミスが頻発した。おそらくあのときは、ＬＥＤの光が強すぎてボールが見えづらくなっていたのだと思う。

「とにかく見づらいな。嫌だな。でもなんでボールが消えてしまったのだろう……」。不思議に思って視力検査に出かけると、右目の視力は１・５なのに、左目が０・３まで低下していた。左目の視力だけが著しく低下し、近視と乱視が入り混じったような状態に陥っている。道理でボールが見えづらいわけだ。

そこで左目のレーシック手術を受け、落ちた視力を元に戻した。サーブをするときボールを高く投げ上げると、視線はおのずと天井に向かう。天井の照明のまぶしさは、目が悪くなる前からもともと気になっていた。全日本選手権のような大きな大会だと、試合前日に「あのへんが見づらいからズラして」と要望を出して照明の向きを調節できる。そうやってなんとか見えづらさをゴマかしてきた。

レーシック手術の効果があったのか、2014年から調子が良くなった。ときどきボールが見えづらいことはあったものの、大会で優勝することもあった。2016年にはリオオリンピックで銀メダルと銅メダルも取れた。不調を乗り越え、あの頃は卓球人生の中でも特に絶好調だったと思う。

2018年1月の全日本選手権で、さらなる異変が起きた。なんだか理由がよくわからないが、ボールが決定的に見えづらくなってしまったのだ。相手がサーブの体勢に入って構えた直後、カツンという音だけが聞こえてボールは「消える魔球」と化す。ネットを越えた頃、一度消えたボールの姿が再びポンと出現する。

これではまともに打ち返せるわけがない。ボールと全然違う場所に体を動かしたり、ラケットの角に当てて大きく外にそらしたりしてしまう。プロの卓球選手とは思えないほど、コテンパンにやられて惨敗する試合が増えた。

LEDの光のせいかと思っていたものの、LED広告がない会場でも相変わらずボールが見えづらい。2018年4月、5月、6月……とボールが消える現象はずっと続く。レーシック手術を受けた左目の視力は1・5のままなのに、よく見えていた右目の視力が1・5から0・7まで下がっていた。なぜもう片方の視力まで急に落ちてしまったのだろう。悩んだ挙げ句、2018年8月に右目のレーシック手術を受けた。

それでも症状が改善されない。症状は良くなるどころかますます悪くなる一方だ。ひょっとして医療過誤でもあったのか。私の目は元に戻らないのか……。「ボールが見えづらい」が、とうとう「まったく見えない」まで悪化してしまった。

レーシック手術のあと、「ハロー・グレア」と呼ばれる副作用が起きることがあるそうだ。特に暗い場所で、光がまぶしく感じる。なるほど卓球の会場は客席が暗く、反対に卓球台はライトが明るく照らす。卓球台のまわりは電飾看板で囲まれている。「ハロー・グレア」が起きていると仮定し、サングラスをつけてみることにした。

サングラスをつけるのは、卓球選手にとって得策ではない。むしろマイナスだ。試合中は下を向く姿勢が多いし、サーブのときは照明が光る天井を見上げなければならない。左右にも激しく顔を振る。こういう激しい競技には、メガネは絶対的に合わない。だから目が悪い選手は、メガネではなく必ずコンタクトレンズをつける。読者の皆さんも、メガネをかけてプレーしている卓球選手なんて見たことがないはずだ。曇り止めを塗っても、熱気でレンズが曇ってしまうのも困る。ボールとの距離感が狂わないように、レンズはできる限り眼球のギリギリまで近づけたい。でもレンズが顔に近づくと、どうしたって汗がレンズにかかってしまう。汗と曇りにジャマされれば、ボールとの距離感をミリ単位で決め打ちできない。

水泳選手のゴーグルのように目のまわりに密着しているわけではないし、レンズのへりには隙間が生まれる。サーブを上げて目線を下げると、目線を戻したときにレンズのへりが視界を妨げる。できればメガネをかけないほうが良いのだが、裸眼のままプレーすればますますボールが見えづらくなる一方だ。

東京オリンピックの会場では、本番前の練習の機会が2回ある。1回目の練習に裸眼で臨んでみたら、照明がまぶしすぎてボールが全然見えない。「こんな状態では絶対勝てないな」と愕然とした。そのとき「そうだ。あのサングラスをかけてみよう」とひらめいた。山本光学という会社に特注で作ってもらった「ＳＷＡＮＳ」というブランドのサングラスだ。

このサングラスは、レンズの上ではなく下にフレームがついている。照明がキツい会場でもボールが見えやすいように、細かくリクエストを出して色を微調整してもらった「水谷隼モデル」の特注品だ。

オリンピックでこのサングラスを使う予定はまったくなかった。「どこにしまったかな」とクローゼットをゴソゴソ探してやっと見つけたくらいだ。つけてみるのは半年ぶりだった。試合２〜３日前の本番練習でいきなりサングラスをつけ出したものだから、丹羽孝希選手も張本智和選手もみんなビックリしていた。２回目の本番前練習で「ＳＷＡＮＳ」のサングラスをつけてみたところ、ちょっとだけ視界が良くなった。「よし。これで行こう」と心を決めた。

それでも目の調子が万全だったわけではない。ボールが視界から消え、目が見えなくなる恐怖と戦いながらの東京オリンピックだったのだ。

本書で「消える魔球」の正体について初めて詳しく明かそうと思う。私の病名は「ビジュアルスノー」（視界砂嵐症候群）だ。おそらくほとんどの人が初めて聞くのではないだろうか。

私の症状は、試合中にボールが消えるだけではない。アナログテレビをつけっぱなしにしたままうたた寝してしまうと、夜中に白黒のノイズがザーザー鳴ることがあったと思う。ちょうどあのノイズのように、視界にザワザワと細かい粒子が見えるのだ。「視界に砂嵐が吹き荒れる」と表現すればわかりやすいだろう。

白く塗装された壁、エレベーターの中は、砂嵐の現れ方がひどい。黒や白をバックにした場所で、ビジュアルスノーは特にひどくなるようだ。客席が真っ暗で、卓球台のまわりは白く光って明るい。ビジュアルスノーにとって最悪の環境だ。

おそるべきことに、砂嵐は目を閉じても続く。眠ろうとしても、まぶたの中でザワザワとノイズが騒ぎ続ける。耳鳴りや偏頭痛のように「慣れる」「そういうものだとあきらめる」という姿勢でやりすごすしかない。不眠に苦しむことも多くなった。

２０１９年、アメリカの専門医を訪ねて診断を受けた。目の不調とレーシックはまったく関係ないそうだ。オリンピックの前は頭痛も強かったため、毎日痛み止めを飲んでゴマかしていた。もしかすると原因は眼球ではなく、頭にあるのかもしれない。伊藤美誠選手との混合ダブルスの試合前日に、脳のＭＲＩ（磁気共鳴画像）検査を受けた。ＭＲＩの結果も異常なしだ。

眼球に異常はない。脳にも問題はない。ではなぜ試合中にボールが消え、四六時中砂嵐が吹き荒れているのだろう。

練習が終わって部屋に戻ると、インターネットやSNS、ユーチューブで毎日のように病気について検索しまくった。アメリカへ診察に出かけた2019年の時点では、「最近視界が砂嵐みたいに見えるんですよね。テレビのノイズみたいに、視界が砂嵐っぽいんです」「ザワザワして細かい粒子が見えるんです」と話をしても、どの医者からも「それはビジュアルスノーかもしれません」とは言われなかった。どうやらこの時点では、医者や研究者にもこの病気のことはほとんど知られていなかったらしい。

ワラをもつかむ思いで細かい手がかりを探っていった結果、私と同じ症状に苦しむ当事者をツイッターで発見した。症状はまったく同じだが、原因も治療法もわからない。検査を受けても異常な数値は何も見つからないので、どこの医者を訪ねても「異常なしですね」「問題ないですよ」と帰されてしまう。症状は両目に現れる人と、片目だけに現れる人がいるようだ。症状の強さには個人差がある。

残念ながら、現状では治療法はゼロだ。精神障害の患者に出す薬を使ってみたところ、20%ほど症状が改善されたと言う人がいた。どうにかしてその薬を手に入れようと試みたのだが、どこの医者からも全部断られてしまった。向精神薬のような強い薬は、依存性と危険性が強いのでやたらと処方することができないのだ。

ビジュアルスノーの患者は、２人に１人が鬱病になったり、精神的に病んでしまうと聞く。精神が病んだ結果ビジュアルスノーになったのか。ビジュアルスノーの症状が苦しいから精神を病んでしまったのか。ニワトリが先か、卵が先かは私にはわからない。オリンピックに向けて卓球の練習をすることが強いストレスになり、私生活にも影響が出始めていた。「この状態でこれ以上卓球を続けるのは無理かな……」。オリンピックを前にして、私は精神的に相当まいっていた。

オリンピック直前の時期に、「今から自殺します」とライブ配信で宣言して自殺してしまった人がいる。その人はビジュアルスノーのせいで心を病み、ずっと苦しんでいた。事件は私にとって衝撃的だった。この苦しみが何年も続き、症状がもっとひどくなれば、私の精神状態だってどうなるかわからない。亡くなった方がどれほど苦しくつらかったかは、私にもよくわかる。事件はまったく他人事ではなかった。

脳にも目にも異常は何もないため、脳神経外科を訪ねても眼科を訪ねても、誰も確定診断名をつけてくれない。「眼球そのものは映像を正確にキャッチしているが、映像の受信機（脳）に何らかのバグやエラーが生じ、眼球に映った映像を正確に認識できない。脳に何らかの異常があると考えられる」。これはあくまでもただの仮説であって、実際には脳が本当の原因なのかどうかもよくわからない。いずれにせよ、この本を作っている今も、私の目の前で砂嵐が吹き荒れていることは事実だ。

治療法が見つからない限り、私はこれからもこの深刻な病気と相棒のようにつきあっていかなければならない。精神的な領域に関する話でもあり、病名を公にするかどうかはかなり迷った。同じ病気に苦しむ患者の自殺事件が、私の心を突き動かした。

自分がビジュアルスノーであることにもうちょっと早く気づき、私がすぐに病名と症状を公表していれば、もしかしたら「水谷隼も私と同じ病気なのか。なのに彼は必死で病気と戦い、卓球で活躍している」と希望をもってもらえたかもしれない。どうにかして自殺を食い止めることはできなかったものか。残念でたまらない気持ちだ。

ビジュアルスノーという難病があることについて、少しでも理解が広まり、世間に知ってもらいたい。そう願い、勇気を奮い起こして自分の病名を告白することを決めた。

同じように目の中の嵐で苦しむ皆さん、希望を捨てないでほしい。世界中で研究に打ちこむ科学者の叡智を信じ、私と一緒に戦おう。

㉕

誹謗中傷を〝なかったこと〟にしない。

東京オリンピックの混合ダブルス決勝で金メダルを獲得すると、ツイッターのアカウントにすさまじい数の誹謗中傷が押し寄せた。

「死ね！」「くたばれ！」

「消えろ！」「カスめ」

「ネットでトレンド入りぐらい嫌われてんだよ」

自殺してこの世からいなくなれと言うのだ。こんな罵声を大量に浴びせかけられたら、誰だって平気でいられるわけがない。混合ダブルスが終われば、すぐに男子団体の試合が始まる。精神的にやられてメンタルがブレれば、試合にもろに影響する。

金メダルを獲得した２日後の２０２１年７月28日、私はツイッターに以下の投稿をした（のちに削除）。

〈とある国から、「〇ね、くたばれ、消えろ」とかめっちゃＤＭくるんだけど免疫ありすぎる俺の心には1ミリもダメージない　それだけ世界中を熱くさせたのかと思うと嬉しいよ〉〈日本人の方は全て応援メッセージです　ありがとう〉

７月31日には、以下の投稿をした。

〈言いたいことだけ言ってアカウントを消したみたいですが、あまりにも悪質な誹謗

中傷は全てスクショしていますし、関係各所に連絡を行い然るべき措置を取ります〉

この投稿には、誹謗中傷のダイレクトメールがガンガン来ている証拠を引用している。「差別主義者」「人間でもないから」「お前、自分が卓球領域で価値があるとは絶対思うなよ」「お前はメガネを掛けてるだけ」「人の迷惑をかけるゴミクズめ」と、早朝から深夜まで粘着質な執念で罵倒を続ける。

「死ね死ね死ね死ね死ね死ね死ね死ね死ね」

「カスカスカスカスカスカスカスカス」

「嫌われてる嫌われてる嫌われてる嫌われてる」

と、数え切れないくらいの罵倒語を連呼するDMもあった。

告発は大きなニュースになり、ものすごい反響を呼んだ。私のツイッターには、26万人以上のフォロワーがいる。金メダルを取ったこともあり、「女子選手を応援しよう」と投稿するだけで4万〜5万件も「いいね」がつく。物議を醸す投稿を放てば、陰湿な誹謗中傷を何千倍、何万倍も上回る反響があることは容易に想像がついた。

オリンピックの大切な試合前にツイッターでこんなことを書けば、要らぬ雑音がどんどん目に入ってくる。試合にマイナスの影響を及ぼすことは間違いないが、「私が声を上げるべきだ」と思った。もっと言うと「これは私が絶対にやらなければいけない仕事だ」という使命感に突き動かされた。ラケット・ドーピングを一人で告発したときと同じだ。面倒くさいいざこざにかかわらず、無視を決めこんでナアナアで済ませるのは、私のポリシーが許さない。たとえまわりから「やめておけ」と言われようが、自分の意志を押し通して誹謗中傷を弾劾すると決めた。

「死ね」という類いのひどい罵倒は、今に始まったことではない。何年も前から、私は断続的に誹謗中傷にさらされている。勝ったときに叩かれることはほとんどないが、大きな試合で負けると「引退しろ」「今すぐ後輩に譲れ」「代表を辞退しろ」とメチャクチャに攻撃される。これは国民の期待を背負ったアスリートの宿命だ。

私が声を上げた翌日の7月29日、体操の男子個人総合で金メダルを獲得した橋本大輝選手も、インスタグラムで誹謗中傷を告発した。

〈SNSでの誹謗中傷とみられるメッセージもあります。(略)互いを称え合い切琢磨できることがスポーツの魅力であると思います。そのため国の代表選手として努力してきたアスリートを認め、称賛する人が増え誹謗中傷とみられる行為を行う人が少なくなることを願っています。〉

おそらくどのアスリートも、私や橋本選手と同じように陰湿な攻撃にさらされているのだろう。それが嫌だから、ＳＮＳのアカウントを開設せずネットも見ない人もいる。だが、試合を楽しんでくれるファンと直接交流できることが、ＳＮＳの魅力だ。心が歪んだ卑劣漢に屈して、交流の扉を閉ざしたくはない。

２０２０年5月、プロレスラーの木村花選手がＳＮＳの誹謗中傷に耐えかねて自殺した。「ウザイ」「キモイ」というレベルの悪口もあれば、「死ね」「消えてなくなれ」「殺してやる」というように、殺意をむき出しにした激烈な攻撃もある。書いている人間にとってはちょっとした悪ノリでも、それはときに人を自殺にまで追いこむ。

木村選手の自殺をきっかけに、ネット上の誹謗中傷は大きな社会問題になった。政治家と司法は動き、発信者情報の開示請求が比較的容易に認められるようになっている。ツイッター社なりプロバイダー事業者なりが、悪口を書きこんだ発信者のＩＰアドレス（ネット上の住所）を知らせてくれるようになったのだ。

開示請求によって発信者の個人情報を突き止め、損害賠償請求が認められるケースもある。被害者が泣き寝入りしなくても済む世の中になりつつあるのだ。

自分の仕事や生活、学業がうまくいっていないと、華やかなスポットライトを浴びて活躍している人がうらやましくなるのはわかる。「すごい活躍だな」と拍手を送ればいいのに「ムカつくヤツだ」「あいつを引きずり下ろしたい」と怨念を燃やす。腹の中でムカムカする分には、自由にしてくれればいい。その怨念を言葉に出して、本人にぶつけるのは絶対にやめるべきだ。

私や橋本選手が告発したあと、メダリストに誹謗中傷が集中しているというニュースはあまり聞かない。告発が大きなニュースになり、誹謗中傷に刑事責任が問われる可能性があることは広く知られるようになった。「まずい。こういうことをしていたら警察に逮捕されるのか」と恐れおののき、悪意の書きこみを控えるようになったのだろう。私の告発が相当な抑止力になったことは間違いない。

なお「てゆうか、アカウント消せばいいじゃん」「SNSなんて見るからいけないんだよ」というメッセージを私に送ってくる人がいた。それは「いじめられたくないなら、違う学校に転校すればいいじゃん」と言うのと同じだ。そんなやり方はまったく納得できない。いじめている人間が100%悪いのであって、いじめられている人間に一分も非はない。私はこれからも、ネット上の誹謗中傷に立ち向かっていく。木村花選手のような悲しい事件は、二度と引き起こしてはならないのだ。

㉖

賛否両論を巻き起こす人が刺激をくれる。

NHKの「**プロフェッショナル　仕事の流儀**」やTBSの「**情熱大陸**」といったドキュメンタリー番組でアスリートが取り上げられると、いつも興味深く視聴する。記憶に新しいところでは、石川佳純選手や新日本プロレスの内藤哲也選手を取材した「プロフェッショナル」はとてもおもしろかった。

競技のシーンと競技後のインタビューはいつもテレビで観られるが、普段の私生活にまでカメラが立ち入る機会は少ない。競技に臨むにあたり、ほかのアスリートがどんな思考をしているのか。陰でどんな努力を重ねているのか。そこを深掘りするドキュメンタリー番組はとても勉強になる。

頭を空っぽにリセットしてリラックスするために、映画もよく観る。「**タイタニック**」のようなパニック系の作品が特に好きだ。先日は、メキシコ湾の海底油田爆発事故を描く「**バーニング・オーシャン**」という作品を楽しんだ。

池井戸潤さん原作の映画「**空飛ぶタイヤ**」「**七つの会議**」も観た。もちろんドラマ「**半沢直樹**」シリーズは全部観ている。自分以外全員悪者という状況で奮闘するビジネスパーソンのヒリヒリした話は、とても興奮するし感情移入する。

これまで出会ってきたどの指導者からも、口を揃えて「本をたくさん読め」と指導されてきた。卓球の練習ばかりやっているようでは、卓球は強くなれない。「一流」と呼ばれるアスリートや芸術家、多くの人の上に立つ指導者には、その人なりの価値観や哲学がある。普通の人が思いもしない発想をもっている。読書を通じて彼らの人生を擬似体験し、価値観や哲学を吸収する。そこから私なりの価値観や哲学へと、読書で得た滋養を昇華していくのだ。

ヨーロッパに遠征すると、飛行機の中で過ごす時間は片道10時間以上に及ぶ。往復20時間以上のフライト、遠征先での自由時間は読書に費やす。成田空港や羽田空港にチェックインすると、いつも空港内の書店で2冊本を買う。その本を飛行機の中やホテルで熟読するのだ。売り上げランキングを上から順番に眺めて、「×万部突破！」「ベストセラー！」と書かれた帯やPOPを見る。その中で興味がある本を手に取る。

自宅の本棚には、茂木健一郎著『**成功脳と失敗脳**』、中谷彰宏著『**一流の人が言わない50のこと**』、黒川伊保子著『**英雄の書**』、山田知生著『**スタンフォード式 疲れない体**』、ジョーブログ ジョー著『**瞬発力の高め方**』、田口佳史著『**論語の一言**』『**老子の無言**』といった本が並んでいる。英語の本やトレーニングの本もよく読む。

松下幸之助やホリエモンさんなど経営者が書いたビジネス書、渋澤健著『**渋沢栄一**

100の訓言』といった自己啓発本も好んで手に取る。以前からツイッターをフォローしている与沢翼さんの『**ブチ抜く力**』は、発売後すぐ買って読んだ。ひろゆきさん（2ちゃんねる創設者）やROLANDさん（カリスマホスト）の本も読む。

著者の考えと私の考えが、必ずしも一致するとは限らない。「その考えはちょっと違うんじゃないかな」と疑問を感じることもある。自分と似通った考えの本を読みたいわけではなく、正論を吐く人を求めているわけでもない。

反発を招いて炎上しようが、自分が正しいと信じる異論を構わず世に発信する。ときには暴論、極論と思われようが、意見の衝突を怖れない。尖った考え方の人が書いた本を読むと、「世の中にはそういう考え方をする人もいるのか」と感心する。読書によって多様な視点を培い、頭の柔軟体操を進めるのだ。

天の邪鬼のようにひねくれた意見ばかり口にしていたら、普通は人から嫌われる。「あいつには関わらないでおこう」と離れていく人もいるだろう。そういう人は敵も多いが、同じくらい味方も多い。確固たる信念をもって言論を発信している人には、魅惑的なカリスマ性と色気がある。そういう人の本を読めば、多くの人を惹きつけるコツを学べる。自分も天の邪鬼のような人間になりたいと思っているわけではないが、彼らから学べることはたくさんあると思うのだ。

卓球選手としての私の攻め方には、ここぞというときに思いきってひとヤマ張るギャンブラー気質がある。福本伸行先生のコミックスは大好きであり、『**カイジ**』シリーズは全巻揃えて読破した。『**アカギ**』や『**銀と金**』も全巻コンプリートしている し、『**カイジ語録**』『**福本伸行　人生を逆転する名言集**』といった関連本も一つの本棚にまとめて収納している。映画版の「カイジ」シリーズもすべて鑑賞した。

一部上場企業の会長でありながら、週末ごとにマカオやシンガポールのカジノに通い詰め、なんとバカラで106億8000万円を熔かしてしまった人がいる。

自分のポケットマネーだけではとても軍資金が足りず、子会社のお金をバンバン使いこんでしまった。そのせいで東京地検特捜部に逮捕され、刑務所にまで収監されてしまう。おそらく日本賭博史上、個人として最も多額の現金を遣った男の著書『**熔ける　大王製紙前会長　井川意高の懺悔録**』には大興奮した。

NHK「プロフェッショナル」を観たことをきっかけに、新日本プロレスの内藤選手が書いた『**トランキーロ　内藤哲也自伝**』という本も読んだ。メキシコで本場のルチャリブレ（メキシコ式プロレス）を学び、帰国してからヒールレスラーとしてブレイクした内藤選手は、新日のトップレスラーとして活躍している。自分がまったく知らない世界を経験してきたアスリートの本は、刺激的でとても参考になる。

なお私は幼い頃から大のプロレスファンだ。新日のようなメジャー団体だけでなく、大日本プロレスやFREEDOMS（フリーダムズ）といったマニアックな団体の試合も観る。生まれ変わったら卓球選手ではなく、プロレスラーになるかもしれない。

この本を作りながら読み進めているのは、AV男優のしみけん著『**光り輝くクズでありたい**』だ。最高すぎるタイトルに惹かれて読み始めたところ、これがメチャクチャおもしろい。

賛否両論の「賛」（自分寄りの意見）にばかり耳を傾けていたら、イエスマンの意見ばかり聞いて勘違いする裸の王様になりかねない。暴論や極論を含め、賛否両論の「否」（自分とは異なる意見）も自分の中に積極的に取り入れる。するとモノの見方がグッと多様になり、世界がどんどん広がるはずだ。

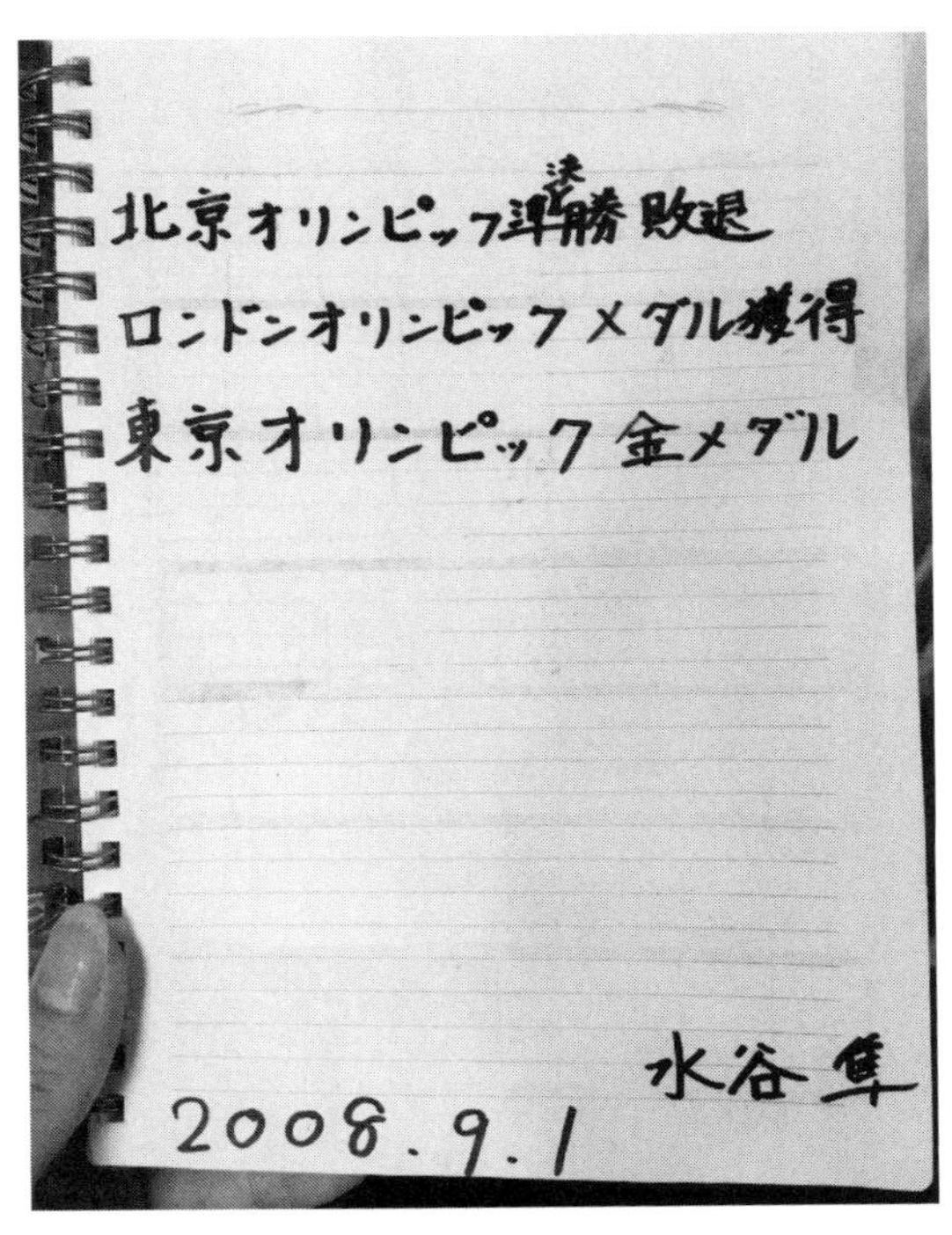

北京オリンピック後に書いた目標メモ。
まだ東京大会は遠い未来のことだった

第6章 環境の変化に立ち止まるな

㉗

勝者にしか
わからない景色がある。

初めて出場した2008年の北京オリンピックは、シングルスは惨敗、男子団体は5位といいところがなかった。フェンシングの太田雄貴選手が銀メダルを取ったことを鮮烈に覚えている。太田選手の存在はメダルを取るまで全然知らなかったのに、一躍ヒーローになってテレビにバンバン取り上げられる。団体戦を一緒に戦った岸川聖也選手とテレビを観ながら「いいね……」と部屋で寂しくボヤいていた。

2012年のロンドンオリンピックでは、自分もメダルを取って太田選手のようにテレビに出ようと張り切っていた。海外リーグをやめた時期だったし、オリンピック後のスケジュールはテレビのためにマルッと空けていた。ところがまたしても惨敗し、メダルを逃してしまう。メダリスト以外なんて、テレビはどこも相手にしてくれない。あまりにもヒマすぎたので、山形で2週間合宿して運転免許を取りに行った。

2016年8月のリオオリンピックでは、シングルスで銅メダル、団体で銀メダルを獲得した。とりわけシングルスでは、日本人の卓球選手としては男女通じて初のメダルだ。念願のテレビ出演はオファーがたくさん来たものの、隣には金メダリストが何人も座っている。「自分なんかが同等に扱われていいわけがない」と気持ちがモヤモヤし、調子に乗ってはしゃぐことができず萎縮していた。

メダリストが集まる食事会に行っても、そこに金メダリストがいると一歩引いてシュンとしてしまう。メダリストにはヒエラルキーがある。銀メダルと銅メダルの価値はあまり変わらない気がするが、金メダルはヒエラルキーが圧倒的に高い。

オリンピックで金メダルを取ることは、アスリートにとって一番の高みだ。登山家が初めてエベレストに登頂したときと一緒である。金メダルを取ったときに、いったいどういう世界が待っているのか。「自分も一番最高の景色を見てみたい」。金メダルを取った自分の姿を思い描き、リオから東京までの5年間を必死でがんばった。

よく「オリンピアンは燃え尽き症候群になる」と言われる。4年という長大な時間をかけて一つの大目標を達成し終わったとき、力を完全に使い果たして身も心もバーンアウトしてしまうのだ。

日本でテレビに出まくったあと、2016年9月からロシアのプロリーグに移籍することが決まっていた。オリンピックが終わってからまったく練習できておらず、「練習せずそのまま行っちゃえばいいや。負けてもいいや」とロシアに飛びこんだ。ロシアには、自分も将来メダルを取ってやろうとハングリー精神に燃える選手がたくさんいる。彼らと一緒に卓球をやっているうちに「ボヤボヤしてないでまたがんばらなきゃ。全日本選手権（2017年1月）も近づいてきたしな」と思えた。リオでメダルを取って燃え尽きかけていたところ、勝って兜の緒を締めることができた。

オリンピックのメダルを取ってから、階段を1段上れた気がする。それまでは試合中に「負けたらどうしよう」と心がかき乱されることがあったのに、メダルを取ってからは全然心が乱れない。最初から最後まで、ずっと平常心で戦えるようになった。卓球はメンタルがモノを言うスポーツだ。「私はオリンピックのメダリストだ」という厳然たる事実は、ピンチに陥ったときに限りない勇気を与えてくれる。

勝つべき試合を落としてしまうと、リオオリンピックの熱狂と興奮に立ち返り、表彰台に上ったときの誇らしい気持ちを、毎日思い起こす。「輝いていたあのときの自分にもう一度戻りたい」「ピークだったあのときの輝きを取り戻そう」。ずっとイメージトレーニングしながら、未だ見ぬ頂（いただき）を夢見た。

そしてとうとう私は、アスリート最大の夢をかなえた。新型コロナという未曾有の危機をバネとチャンスに変え、視力喪失という内なる危機と戦い、伊藤美誠選手と一緒に日本卓球史上初の金メダルをもぎ取ったのだ。

首に金メダルがかかった瞬間、それまで見ていた景色がガラリと変わった。ああ、これがピラミッドの頂なのか。誰にも負けることなく、卓球王国・中国チームをねじ伏せてもぎ取ったメダルだ。一点の恥じらいもなく、堂々と胸を張って誇れる。金メダリストだけが見られる不思議な景色を、私は現在進行形で眺めている真っ最中だ。

東京オリンピックで現役生活を終えることは、オリンピック前から周囲に公言してきた。その思いは変わらない。卓球人生最後の夏を、金メダルと銅メダル獲得によって締めくくることができた。こんな幕切れがあるかという、マンガのようにできすぎたクライマックスだ。心地良い疲労に包まれながら、心から満足している。

ずっと卓球だけをやってきた。14歳から学校にも行かず、友だちづきあいも捨てて、人生を100%卓球に捧げてきた。その卓球人生を終えるのだから、東京で燃え尽きたい。バーンアウトしたい。中途半端な一球のせいでしくじって、後悔なんてしたくない。後悔を1ミリも残さない卓球をやり切ってみせる。燃料なんて全部燃やし尽くして、片道切符で行ったっきり。燃え尽き症候群になったとしても、それで上等ではないか――そんな気持ちで完全燃焼した。

東京オリンピックを戦い終わった今、「私はつくづく卓球が好きだったんだな。卓球バカ一代だ」と感じる。いざ現役生活をやめるとなったら、急に寂しくなった。

「ようやく現役生活が終わった」ではなく「ああ。あんなに卓球が好きだったのに、卓球をやめるのが寂しいな」という寂寥感に包まれている。

でも、現役生活に戻りたいとは全然思わない。好きな卓球を趣味でやるのと、仕事としてやるのは性質がまったく異なる。バラエティ番組で技術を披露したり、エキシビションマッチをやるぶんには、これからもいくらでもやりたい。でも「これから、いざ勝つために練習しよう」とはまったく思わない。あの苦しい地獄にはもう戻りたくはない。プロアスリートが生きる世界は、それこそヘドが出るほど過酷なのだ。

燃料を全部燃やし尽くしてエンジンが停止した今、私は金メダリストの景色を悠然と眺めながら上空を惰性で飛行している。これから飛行機がどこへ不時着するのか。再び空へ飛び立つのかどうかは誰にもわからない。

我が卓球人生に、一片の悔いなし。

燃料タンクが空っぽになるまでバーンアウトした今、もうしばらく上空の景色を眺めていたい。次の仕事について考えるのは、そのあとでも遅くはないはずだ。

㉘

世間の声に足をすくわれるな。

福原愛という卓球界のアイドルから学んだこと

福原愛ちゃんは、不世出であり永遠のアイドルだ。これから日本卓球界に、愛ちゃんほどのカリスマは現れないと思う。

愛ちゃんは１９８８年11月生まれ、私は１９８９年６月生まれと年齢が近い。「天才卓球少女」の存在は、もちろん小さい頃から知っていた。ジュニアの大会に行けば、いつも取材陣に囲まれた愛ちゃんが卓球をやっている。彼女のまわりには目に見えない壁があり、気軽に話しかけることなんてできない。雲の上の存在だった。

愛ちゃんが動く先には、常にコーチやマネージャー、テレビカメラや記者がゾロゾロ群がる。男子選手の試合なんてまったく注目されないのに、愛ちゃんのまわりはいつもカメラが取り囲んでお祭り騒ぎだった。

私が全日本選手権や国際大会で活躍するようになると、愛ちゃんとちょっとずつ話をするようになった。プライベートな食事の場でも、彼女は本音を話さず心を開かない。知り合ってから25年以上経つが、未だに彼女の本当の気持ちはわからないままだ。物心つく前から、彼女は常にまわりを大人にワイワイ囲まれる異常な生活を送ってきた。殻に閉じこもって自分の世界を作り、自己防衛に努めてきたのかもしれない。

あまりにも心を開かないので「この人が心を開ける親友はいるのかな……」と心配

になったことがある。プライベートで集まったとき、卓球界とは全然関係ない地元の友人を連れてきたことが一度だけあった。「へえ。こういう交友関係もあるんだ」「こういう友人がいて良かったな」と安心したのをよく覚えている。

オリンピック選手には、4年に一回ブームが訪れる。メダルを取った前後はメディアでワーッと騒がれ、どこに行ってもヒーロー扱いされるものの、オリンピックの翌年、翌々年……と時間が経つにつれてブームは自然と終わる。愛ちゃんの場合、オリンピックがあろうがなかろうが常にブームは終わらなかった。

福原愛のブランドは永遠だ。普通はアスリートが競技から身を引けばブームは去るものだが、愛ちゃんは愛ちゃんのままで変わらない。彼女は2018年10月に現役引退を表明したが、引退後も愛ちゃんの影響力はずっとある。まさしく不世出だ。

今の卓球界で、愛ちゃんにからんでいる人はほとんど誰もいないかもしれない。こちらからは容易に近づけない存在だし、常に誰かがまわりにいる。女子選手も連絡しづらくて距離を置くし、ましてや男子選手なんて、女優さんと会ったり連絡を取るようにハードルがものすごく高い。子どもの頃からお互いを知っている私が、一番頻繁に連絡を取っているほうだと思う。

愛ちゃんや石川佳純選手があまりにも人気がある一方で、男子卓球界は10年以上も厳しい冬の時代を過ごしてきた。

２０１０年にワールドツアーのグランドファイナルで、私が日本人初の優勝を飾った。さぞかし注目されるのかと思いきや、空港に帰ってきたら記者やカメラマンは一人もいない。バシャバシャ写真を撮られて囲みインタビューを受けるつもりでいたのに、メディアからガン無視された。

愛ちゃんと石川佳純選手は、負けても絵になる。悔し涙でも流そうものならなおさらだ。男子選手が世界卓球で取ったメダルよりも、世界卓球で負けた愛ちゃんの涙のほうがはるかに注目度が高かった。男子選手と女子選手の報道量には、１対99の圧倒的な格差があった。

リオオリンピックで私がメダルを取ったことによって、１対99の報道量は3対7か4対6くらいに是正された。張本智和選手という若きスーパースターが登場し、東京オリンピックで私が金メダルを取ったことによって、男子卓球はこれからもっと注目されるだろう。長き冬の時代はようやく終わった。

リオオリンピック前まで、私は卓球雑誌で「男子選手が全然注目されない理由がわからない」「いつか見返してやりたい」とバンバン文句を言ってきた。男子選手が無視される現状が、あまりにも悔しかった。

「あんなに注目されてうらやましいな」という部分にばかり目が行って、愛ちゃんの陰の部分に私はまったく気づいていなかった。試合に負けて悔しいのに、常にカメラに囲まれて無遠慮な質問を浴びせかけられる。練習中もずっとカメラに撮られ、プライベートではパパラッチに追いかけられる。そのつらさが私にはわかっていなかった。

リオオリンピックでメダルを取ってから、私も注目されるようになった。そのとき初めて愛ちゃんの大変さがわかった。ご飯を食べに行けば「一緒に写真を撮ってください」「SNSに載せていいですか」と声をかけられる。銀行に行くと支店長が出てきて、貴賓室に通されて「またご利用お願いします」と恭しく挨拶される。

私は相手のことを何ひとつ知らないのに、相手は私のことをよく知っている。いつどこで何を見られているかわからない。外に出たら常に落ち着かない。そのへんを歩いている人が全員「フライデー」の記者に思える。自分の行動範囲はどんどん狭くなり、常に何かに脅えてビクビクするようになった。

異性の友だちとご飯を食べに行っただけで「熱愛」と騒がれる。渋谷や原宿で買い物していているだけで、写真を隠し撮りされてニュースになる。「愛ちゃんはこんな大変な中で25年も卓球をやってきたのか……」とようやく気づいた。自分が同じ立場になって初めて、声に出せない愛ちゃんのうめき声が聞こえたのだ。

それでも愛ちゃんはマスコミをシャットアウトすることなんてないし、いつもニコニコ取材に応じてきた。思うように成績が上げられなくても、弱音を吐くことなんて全然ない。同じナショナルチームで練習しながら、彼女が弱音を吐くところなんて一度も見たことがなかった。

マイナーで「暗い」「ネクラがやるスポーツだ」とバカにされてきた卓球のイメージを、愛ちゃんは百八十度変えてくれた。卓球はおもしろい。卓球はカッコいい。愛ちゃんがいてくれたおかげで、卓球はメジャーなスポーツに発展した。身を削って一生懸命卓球界のためにがんばってきた愛ちゃんのことを、心から尊敬する。

これから私は、金メダリストとして卓球界のために尽力していきたい。愛ちゃんが守り育ててくれた土台を、さらに堅固なものへ発展させていくのだ。

㉙

自分のキャラを使い分ける。

東京オリンピックが終わってから、毎日のようにテレビ番組に出演している。おそらく私は、メダリストの中で最も多くの番組に呼ばれているのではないか。私の存在は、視聴者からずいぶんおもしろがられているらしい。

収録中に自分の名前を噛んでしまったら「噛み谷」といじってもらえる。「モテ種目はメッチャ嫌いな天敵だ。第3位はバスケットボール、第2位は野球、第1位はサッカー。卓球選手である自分は陰キャ代表だ」と自虐ネタを披露すると「陰キャ」がバズワードになり、髪型をちょっと変えたら「チャラ谷」といじられる。オリンピック以来、何を言ってもおもしろがってもらえる想定外の日々が続く。

普段の私は、イライラしたり後輩にキレることはまったくない。もちろん練習は一切手を抜かず真剣にやるが、人と接するときにはバカバカしい冗談ばかり連発して、おもしろおかしくコミュニケーションを取る。明るくにこやかに、ご機嫌に振る舞う。みんなが萎縮しないように、こちらから年下の後輩との距離を縮める。バラエティ番組に出演するときも、素のままのおもしろキャラでいくようにしている。

ガチ卓球選手向けの超真面目な話は、「卓球王国」のような専門雑誌でさんざんやってきた。ここでインタビューを受けるときには、ラケットやラバーの扱い方といったオタク的な技術論も展開し、プロの専門性を重視する。そういう話をテレビでしたところで、マニアックすぎて視聴者はついてこれない。

専門性を少し排除した真面目な話は、夜遅い時間帯に放送される報道番組やスポーツ番組で披露する。この書籍も、「噛み谷」や「チャラ谷」の要素は排除してビジネスパーソン向けに真面目に作った。

小学生以下の子どもたちや、卓球部に入ってくれる可能性がある中高生は、夜10時とか11時から始まる報道番組やスポーツ番組は観ていない。ゴールデンタイムのバラエティ番組に私が出演すれば、若い人たちや子どもたちが卓球に興味をもってくれる。卓球で活躍すれば、お笑い芸人のMCにいじられながらテレビにたくさん出られる。今卓球をがんばっている子どもたちにとって、夢がある話だ。

テレビに出ることによって、アスリートと視聴者との距離をもっと近づけたいといつも思っている。アスリートといっても、ストイックな生き方を追求している人ばかりではない。家に帰れば生身の人間だし、私なんて一人で何時間も部屋にこもってジグソーパズルを作っている。テレビを通して、アスリートは手が届く身近な存在だという事実を広めたい。練習さえ人一倍がんばれば、活躍してスーパースターになれるという夢を子どもたちに描いてもらいたい。

リオオリンピックで銀メダルと銅メダルを取ったあと、しばらくテレビに出ずっぱりだった。あの頃SNSで「テレビにばかり出ていないで、競技に集中しろ」と文句を言ってくる人がいたものだ。

バラエティ番組に出ているからといって、卓球をおろそかにしているわけではない。「卓球選手の水谷隼」としてテレビに出ている以上、常に卓球のことが頭の中にある。テレビに出ることがネガティブだと思ったことは、これまで一度もない。オリンピック前になるとすさまじい件数の取材が殺到するが、全部こなしてきた。テレビに1回出るたび、卓球の競技人口が数千人ずつ増えていると思えば何の苦もない。

卓球台の横に置かれたロウソクに、60秒以内にボールを当てて火を消す。何十回でも延々と続く「神ラリー」を、観客の前で実演してみせる。ミリ単位でボールを制御する技術をもつ卓球選手にとって、このようなゲームはさして難しくもない。卓球の人気が少しでも高まるなら、テレビカメラの前で遊びのラケットを振るったっていい。自分が取り組む仕事の認知度を高め、宣伝できるのなら、いくらでも矢面に立つ。自社のマイナーな商品をメジャーにしたいビジネスパーソンと、まったく一緒だ。

㉚

最大の武器は「自由」「お金」「知名度」「若さ」。

東京オリンピックをもって、私は現役の第一線から引退する。ドイツのティモ・ボル選手のように、40歳になってもオリンピックに出続ける卓球選手もいる。「パリオリンピックのときにはまだ35歳なのだから、もう一度挑戦してみてはどうか」と言う人もいるが、復帰は考えていない。

「水谷は兄貴分として男子団体を銅メダルに導いた。監督になってほしい」と気の早いことを言う人もいる。卓球の指導者になる道は、今は全然考えていない。現役時代は、ほかの選手に冗談を言ったりじゃれたりできた。指導者になったら、そういう馴れ馴れしい友だちのような接し方はできなくなる。指導者と選手の間には、一定の線引きと距離感が必要だ。現役を退いたばかりの私は、まだあまりにも若すぎる。

監督と選手はじゃれ合うべきではない。選手時代、私と監督との間にはいつも距離があった。ちょっと距離があるくらいがちょうどいいのだ。今の現役選手とは、ナショナルチームでずっと一緒に練習してきた。あまりにも距離が近すぎて、彼らの上に立って指導する自分の姿など想像がつかない。

とりわけ張本智和選手とは、オリンピック前に毎日のようにサウナや銭湯に通った仲だ。裸のつきあいをしてきた弟のような彼を、本気で厳しく指導できるとは思えない。どうしたって甘やかしてしまうはずだ。張本選手にとっても、私のように距離が近い人間が上に立つ関係性は好ましくないと思う。

14歳のときから、まだ舗装もされていない道なき道を私は必死で切り拓いてきた。日本卓球界にとっての開拓者だという自負がある。Tリーグもなく、卓球が稼げないマイナーなスポーツだと思われていた当時、卓球選手として大成するためには海外に行くしかなかった。

今の若い選手は、私から見ると甘っちょろい。クレジットカードも使えず、銀行口座も開設できず、現金払いでもらったなけなしのユーロを握り締めてファストフードとコカ・コーラで空腹を満たす。同部屋の先輩選手に遠慮し、夜中に電話線を引き抜いてパソコンを低速回線につなぐ。14時間も飛行機に乗って成田空港に着いた瞬間、ガラケーの電源を入れたとき何件のメールが着信するか。そんな小さな楽しみを噛み締める時代ではない。今はすべてが恵まれている。恵まれすぎている。

多くのビジネスパーソンは、定時出勤＋エンドレス残業の激しい業務をこなしながら、必死で400万～500万円の年収を稼いでいる。ビジネスパーソンのほうが何倍も苦労しているのに、1000万～2000万円の年収をもらえるのが当然だと思いあがっているTリーグ選手の、なんと多いことか。

できあがったレールの上に乗り、一般的な平均年収の3～4倍の年俸をもらい、ぬくぬくしていていいのだろうか。アスリートの選手生命は短い。本気で練習し、真剣に勝ちたいと思うなら、私のように世界のプロリーグへ単身飛びこむ選手がもっと増えてもいいはずだ。

恵まれた温室のような環境に選手が甘んじているならば、Tリーグに明るい未来はないと思う。オリンピックによって訪れたバブルがはじけて、男子卓球界に深刻な氷河期が訪れるかもしれない。世界の厳しさを知る人間として、このような耳が痛い苦言も、御意見番として遠慮なく発信していきたい。

今、私は「新しいビジネスに挑戦してみたいな」と妄想を膨らませている。2019年8月、新宿・歌舞伎町に卓球バー「Red T Tokyo」をオープンした。店の真ん中に真っ赤な卓球台が置かれている飲食店だ。まさかその直後、新型コロナのパンデミックに襲われるとは思いもしなかった。お酒を出す歌舞伎町の店は軒並み閉店し、「Red T Tokyo」はたちまち赤字が膨らんだ。自分の貯金を切り崩してでも店を継続したかったのだが、「この状況では先が見えない」「お金をドブに捨てるようなものだ」という反対意見とぶつかって、1年も経たないうちに店を畳む決断をした。

社員やアルバイトの人の仕事がなくなり、路頭に迷わせてしまったのはあまりに申し訳ない。パンデミックが収束した暁には、もう一度「卓球バー」をやり直したいという願望を抱いている。

「卓球バー」以外にも、おもしろいビジネスを立ち上げて挑戦してみたい。自分の現役生活が近い将来終わることは、20代の頃からずっと意識していた。現役を引退したときに①自由②お金③知名度④若さの4つを揃えられれば完璧だと思ってきた。

若くてお金持ちのIT企業社長であっても、知名度は意外と乏しい。オリンピックの金メダリストになったおかげで、水谷隼の顔と名前を、日本のほとんどの人が知っている状態になった。

お金持ちの社長は、分刻みの激務に追われて自由がまったくなかったりする。今の私は日雇い労働者のようなものだから、空いている時間にいくらでも予定を詰めこめる。隙間時間や移動時間を利用して、こうして書籍を書き下ろすこともできる。

がんばって仕事をしてお金持ちになり、知名度もそこそこ上がってきた頃には、前期高齢者にさしかかっていた。そこから新しいビジネスを立ち上げようにも、体力が追いつかなくてへたばってしまう。それでは意味がない。

今の私は、しがらみや規制に縛られず、誰に忖度することもなく自由に何でもできる。プロ卓球選手のトップとして長年戦ってきたおかげで、お金にも余裕がある。セカンドライフをスタートした出発点は、32歳だ。①〜④のうち2つを兼ね備えた人は珍しくないが、3つも4つも揃えた人はほとんどいない。鬼に金棒、無敵だ。何も怖れるものはない。

対戦相手と274センチの距離で対峙し、目の前にいる人をつぶさに観察して心理戦を展開する。これが卓球選手の特徴だ。競技の性質上、人を見る目は人一倍あると自負している。オリンピックが終わってから新しく出会った人は、いつも冷徹な視点で観察してきた。中には「金メダリストを自分の宣伝のために利用しよう」と腹に一物ある人もいる。打算とソロバン勘定で私に近づいてきているのか。ビジネスパートナーとして信頼し、WIN－WINの仕事ができる相手なのか。社会の中でいつも卓球をやっているつもりで、人を見極めたい。一つひとつの仕事に真摯に取り組みたい。

自分にしかできない仕事を探し、私はこれから新しいビジネスに果敢に挑戦していく。持ち前のギャンブラー気質と勝負勘が、新しい仕事にきっと活きるはずだ。

第7章 ビジネスの悩み

「水谷流」なら、こう対処する

ビジネスマンのほうがアスリートより全然大変だ

働きながら卓球を教える親を見ていて、私にはサラリーマンはとてもできないと思った。ただ、友人知人の悩みを聞いていて、自分だったらどうする？　と思うことはある。20の質問に答えてみた。

Q1　我が社にとって絶対に必要な大口案件をめぐり、ムチャな要求をしてくる取引相手がいます。向こうはこちらが仕事を断れないことを知っているため、妥協しようとはしません。こういう取引相手の要求に、どこまで応えればいいでしょう？

A1　会社のことを考えるなら、グッと我慢してムチャな要求にどこまでも応えるべきなのでしょう。もし私が社長であれば、たとえ大口案件を失うことになろうが、ムチャな要求はバチンと断ってしまいます。

ただし、いきなり相手との関係を断つわけではありません。ムチャな要求をしてくる相手には、普通は「自分は今、相当ムチャなことを言っているよな……」という認識があるものです。

「いやいや、いくら何でもそれはウチとしても厳しいですよ」と説明を尽くし、お互いが納得できる落としどころを見つけてみてはどうでしょう。「こっちは高いカネを払ってるんだから、言われたとおりにやれ」とムチャを押しつけられるままでは、小間使いや奴隷と一緒です。

「今回のプロジェクトに関わるスタッフは、我が社には10人しかいません。みんなに残業してがんばってもらっても、この納期までに間に合わせるのは困難です。現実的なスケジューリングとして、あと2週間納期を遅らせることはできませんか」

冷静に合理的に説明し、相手に寄り添う気持ちで先方の反応をうかがいます。その際、決して感情をむき出しにするべきではありません。

理を尽くしても取引相手が妥協の姿勢を見せなければ、自分だけで問題を抱えこまず、上司に率直に相談しましょう。

「この要求はあまりにも非現実的で理不尽です。それでも我が社にとって、この大口案件は必要ですか」と、上司に最終判断を仰ぎましょう。

あなたは丁寧で紳士的なコミュニケーションに努めてきたわけです。取引相手が上から目線で居丈高であることがわかれば、意外とあなたよりも上司のほうがブチギレて「そんなもん、やめちまえ」と英断を下してくれるかもしれません。

Q2　時代は変化しているのに、ウチの上司はいつまでもやり方を変えようとしません。どうすれば上司は変わってくれるのでしょう？

A2　身もふたもない言い方をします。

この上司の性格や仕事のやり方は、あなたがどうあがいたところで変わらないでしょう。他人からどうこう言われ、自分自身のやり方を変えられた上司を、私は一人も見たことがありません。

私は「昭和」から「平成」に元号が変わった年に生まれた「平成元年」世代です。そんな私から見ると、昭和世代の方々はあまりにも頭が堅すぎます。昭和世代の60代~70代の石頭を今からモデルチェンジすることは、経験上まず不可能です。

昭和世代の監督やコーチはよく「オレの時代はなあ、血のションベンが出るまで卓球を練習したもんだよ！」とブチカマしてきます。血のションベンが出るまで自分の体を追いこんだところで、卓球がうまくなるわけがありません。結果に結びつくならまだしも、体を壊して選手生命を縮めるだけです。

私は若い頃、絶対不可能な根性論で追いこんでくる某監督に歯向かい、ケンカしたことがありました。いくら訴えても、昭和世代の石頭人間は「根性論が正しい」と信じこんでいます。私の実体験に照らしても、こういう上司は変わることができません。悩むだけ無駄です。「こういう人なのだ」と割り切って、上司が言うことは華麗にスルーするように心がけましょう。

Q3 「これ以上はできません」と線引きしてしまう部下を、なんとかワンランク上に行かせたいです。水谷さんならどうしますか?

A3 部下が「できません」と悲鳴を上げている仕事を、私ならできるかどうかをまず判断します。自分にもできないのに、その難しい仕事を部下に押しつけて無理をさせるのは良くありません。どんなときにも無理強いは禁物です。

もし私にもこなせるレベルの仕事であれば、部下とじっくり話し合ってトライさせます。

「オレだったらこういう段取りでプロジェクトを進めてみるよ。負担が重いと感じるのなら、AさんやBさんにサポートをお願いしてみるのもいい。無理だと決めつけずに、がんばってトライしてみようよ。オレはキミにこの仕事をやり切ってほしいと期待しているし、キミならきっとできるはずだよ」

機械的に仕事を丸投げするのではなく、「困ったことがあったら何でも相談に乗るから」「一緒にやってみようよ」と部下の伴走者になってあげるのです。

仕事をこなす能力があるのに、「できません」とさじを投げてしまう。そんな部下の甘えを見過ごすのは、親心ではありません。人の上に立つリーダーは、すさまじいプレッシャーと厳しさにさらされながら、いくつも地獄を見てきているものです。酸いも甘いも両方経験し、経験値を積むからこそ、人の上に立てるようになります。

つらい仕事、苦しい仕事から逃げてラクをしているばかりでは、かわいい部下の成長はありません。「できません」と階段を降りかかっている部下の背中を、力強く押して応援してあげましょう。

Q4　プライドが高い「専門技術者」に、営業部の意見を聞いてもらうコツを教えてください。

A4　専門的な技術者は、一般職の従業員には想像もつかないほど知識と経験の蓄積があるものです。まずはあなたが学校の生徒、専門技術者は先生というつもりで、専門技術者の意見をいったん全部聞きましょう。自分の意見を言う前に、相手の考え、相手の思いの丈をうまく引き出してください。

自分と違う意見だからといって、途中で相手の話の腰を折ったり、頭ごなしに否定するのは控えましょう。プライドが人一倍高い相手であれば、なおさらです。

「ああ、そうなんですね」

「いいですね」

「その話は初めて聞きました。とても勉強になります」

肯定的な相槌を打ち、気分良くしゃべってもらい、相手のペースで話の口火をどんどん切ってもらいます。話を十分聞き切ったと思ったら、徐々に営業部の意見を押しこんでみましょう。

「若い人の意見をヒアリングしてみたところ、××××と考えている人が多いようなんですよ。その人たちにもうまくリーチするように、実験的で挑戦的なやり方を試してみたいんです。Ａさんの経験と力を、営業部に貸していただけませんか」

相手のやり方を否定せず、プライドを傷つけることなく、とにかくプラス思考でコミュニケーションを取りましょう。コミュニケーションの取り方次第で、性格が気難しい同僚を味方につけることができます。

Q5　隣の席のベテラン社員が、取引先と長々と世間話をしていてイライラします。「付き合い」ってそんなに大切なのでしょうか？

A5　取引先との世間話は、メチャクチャ大事です。あなたは何を言っているのですか。私は今、あなたのほっぺたをはたいて叱りたいくらいです。

関係性がホカホカに温まっていなければ、世間話なんて弾みません。野球やサッカーなど好きなスポーツの話、読書や映画、ゲームなど趣味の話で盛り上がれる関係性が築けていれば、仕事の話なんてツーカーであっという間に決まります。

ベテラン社員ということは、その人なりの経験に基づいて、わざと世間話に花を咲かせているのです。仕事といっても、最後は人間と人間の信頼関係がモノを言います。雑談や無駄話をワイワイ楽しめるということは、お互いが信頼し合っていることの証ではありませんか。あなたは取引先の担当者と、小一時間雑談できますか？　ベテラン社員のコミュニケーション能力の高さを、バカにするべきではありません。

ちなみに私の祖父は、よく「商談のときにタバコを吸うといいんだよな」と言っていました。商談で意見がぶつかったときに「ちょっと一服しましょうか」と提案して、わざとプカーッとタバコを吸うブレイクタイムを取るのです。すると熱くなった頭が一度リセットされ、スカッとした状態で商談をリスタートできます。タバコを吸いながら仕事と関係ない雑談をすれば「なんだ。こいつ、意外といいヤツじゃないか」と思ってもらえて、相手との距離を縮められたそうです。

隣の席のベテラン社員の声がうるさいからといって、イライラするのはやめましょう。監督やコーチからうるさく説教されたり怒られているとき、私はボーッとして右から左に聞き流すようにしています。音楽だと思ってボーッとしていれば、相手の声は意味のある言語として頭の中に入ってきません。馬耳東風もときには大事です。

Q6　一緒に仕事をしている先輩社員の指示と、統括の部長の指示が異なります。どちらの意見を聞けばいいのかわかりません。現場をよく知っているのは先輩社員であり、最終的な決定権者は部長です。

A6　卓球の世界でも、監督とコーチの意見が食い違ったり矛盾することはよくあります。監督の意見にもコーチの意見にも賛成できない場合、私はどっちの言うことも聞きません。自分の意見が一番だと思っているので、自分の判断を押し通します。

あなたに私ほどの自信がないのであれば、先輩社員か部長か、どちらかの意見を選択しなければなりません。先輩社員の意見に賛成なのであれば、一人で「反部長派」にならず、先輩を巻きこんで部長と直談判しましょう。

「先輩と私は、部長とは違う意見です。現場としてはこのやり方でやってみたいので、私たちに任せてはいただけませんか」

発言の責任を先輩にも分散して、自分の意見をなんとか押し通します。

あなたが部長の意見に賛成なのであれば、部長を巻きこんで先輩を説き伏せましょう。発言者の立場が上か下かで判断するのではなく、意見の内容によって判断する。そんなふうに合理的に考えてみてください。

いずれにせよ、あなたの立場は3人のプレーヤーの中では一番下です。そのあなたが1対1で先輩や上司に戦いを挑むのは、得策ではありません。どちらかを味方につけて、2対1で相手を説得しましょう。1対1で意見がぶつかり合うのと、2対1でぶつかるのとでは大違いです。

Q7 新型コロナのせいでリモートワーク中です。一人で仕事をしていると誰からも評価されていないような気がして、うまく成果を出せません。一人きりでもバリバリ仕事

をして結果を出すには、どうすればいいですか？

A7 まず大前提として、あなたが成果を出したかどうか判断するのは、あなた自身ではありません。あなたの仕事ぶりを評価するのは、上司であり会社です。どれだけ自分が努力しようが、その仕事が会社に認められなければ「成果」とは言えません。残念ながら、努力と成果は必ずしも比例しないのです。

ではどうすればいいのでしょう。とにもかくにも、数をこなすしかありません。人よりもたくさん数をこなせばこなすほど、会社から評価を受ける査定の機会が増えます。もちろん「そこそこ止まり」でコケる仕事もあるでしょうけれど、「下手な鉄砲も数撃ちゃ当たる」方式でどんどん仕事をやりまくれば、成功する確率は必ず上がっていくはずです。

新型コロナによって翻弄され、リモートワークを強いられているのはあなただけではありません。条件はみんな一緒なのですから、ここは気持ちを切り替えて、オフィスで仕事をしていたときと同じテンションでギアチェンジしましょう。

「自分の仕事が評価されない」と弱気になっているようでは、ますます先細る一方です。「リモートワークになってから、あいつの仕事のやり方が変わった。前よりも良くなったんじゃないか」とホメられるようにがんばりましょう。

Q8「仕事の愚痴」って無駄だと思いますか？

A8 愚痴をこぼしてガス抜きするのは、とても大事です。罪悪感に苛まれる必要はありません。

私も卓球をやりながら、しょっちゅう「疲れた」「もう練習終わろうかな」とネガティブなことを普通に言います。ダブルスや団体戦を戦うときは、パートナーやメンバーに関する愚痴をコッソリ人にこぼすこともありました。イライラを溜めこむよりは、誰かに打ち明けて共感を得て、スカッとしたほうが生産的です。

ただし「あいつは陰で愚痴を言っている」と気づかれないように、当事者の耳には入らないようにくれぐれも気をつけましょう。井戸の中に向かって叫ぶように、閉ざされた扉の中で誰かにコッソリ愚痴を聞いてもらえばいいのです。

Q9 我が社は新しく立ち上がったばかりの会社で、大手や老舗に比べて実績がありません。水谷さんならどんな言葉で売りこみますか？

A9 本書でも触れたとおり、2015年に私の名前を冠した「水谷隼カレー」という新商品が発売されました。卓球選手の顔写真と名前がカレーのパッケージになったのは、おそらく史上初だと思います。前例のない新商品を売り出すにあたって、私は納得がいくまで自分自身で商品を吟味しました。

「このカレーはおいしい。化学調味料がまったく入っていなくて健康的だし、おなかいっぱいになる。出張や海外遠征にもっていくにも都合がいい。しかも安い。自分が消費者だったら、このカレーをぜひ買いたい」

そこまで納得がいき、私本人が自信をもって勧められるようでなければ、新商品が売れるわけがありません。

あなたの会社が、これから「水谷隼カレー」のような新商品なりサービスを世の中にリリースするとしましょう。上辺の言葉だけで「この商品はおいしくてコスパも高いですよ」とか「ダイエットに効果大ですよ」と売りこんだところで、取引相手や消費者の心には響きません。「自分も買いたい」と本気で思えるほど自信をもち、ビリビリ震えるほど心酔しているからこそ、相手の心を揺り動かせるのです。

「ウチの会社は新しくて名前が知れ渡っていない。実績がない」と言い訳している暇があったら、大手に引けを取らない逸品を死にものぐるいで作り上げましょう。「どこに出しても恥ずかしくない」と言えるほど自信たっぷりであれば、おのずとプレゼンテーションや売りこみの言葉、迫力が変わってくるはずです。

なお、商品が売れないのはあなたのせいではなく、会社のせいかもしれません。たいしておいしくもない平凡なレトルト食品を、どんどん売れと言われても困るでしょう。「この商品は自信をもって売りこめないな」と思ったら、私ならこう言って突っかかります。

「どうすればこれが売れるんですか？　部長は自分でこれを買いたいと本気で思いますか？　とりあえず、これからご自身で他社の製品と食べ比べてみてください」

モノが悪いのであれば、売れないのは当たり前です。粗悪な商品が売れないのは会社の責任であって、あなたの責任ではありません。売りこむに値しない商品を会社が作っているのであれば、上司や上層部から嫌われることを怖れず、思いきって活を入れましょう。

Q10　新規案件を任されたものの、正直、どの社と組めばいいのかわかりません。水谷さ

んは誰かと「組む」際、何を基準にしているのでしょうか？

A10　相手が本気かどうか。この一点で決めます。相手が自分のことをどれだけ詳しく知ってくれているか。どれだけ下調べしているのか。相手が自分に関する情報をどれだけたくさんもっているのか。しばらく話をするだけで、相手がもっている情報量はたちどころにわかります。

水谷ではなく、ほかのパートナーと組んだっていい。そんなふうに軽く考えている相手と、わざわざ組む必要はありません。どうしても水谷と組みたい。本気でそう思ってくれる人と、タッグを組んだほうがいいに決まっています。

あなたも、真剣で誠実で、心から本気になってくれるパートナーを選びましょう。

Q11　**懸命に努力しているのに、出世競争で同期に追い抜かれていきます。駄目駄目ビジネスマンから脱却するために、今から何をすればいいですか？**

A11　正直言って、私はあなたのようなタイプの人が苦手です。「努力しているのに出世できない」「がんばっているのに評価されない」と言いますが、あなたは同期よりもどれだけ努力してきましたか。

自分よりも能力が下なのに、同期が不当に出世している。あなたはそう思っているのでしょう。でもあなたが見ていないところで、その同期は血のにじむような努力を重ねているはずです。通勤時間にスマホゲームなんてやらず、移動時間はひたすら読書に充てる。朝活したりオンライン講座を受講したりして、早朝や夜間に勉強に打ちこむ。あなたがボヤッとしている間に、その同期は猛烈に勉強し、情報をインプットしているかもしれません。

あなたの努力が10だとしたら、ほかの人は12か13、ことによると15も20も努力しているはずだ。そう考えるようにしましょう。

私はほかの卓球選手から「水谷さん、僕のほうが絶対努力しているのに、なんで僕は勝てないんですか」と嘆き節をぶつけられたことが何度もあります。そのたびに、内心舌打ちしたものです。

「お前基準の努力でオレと比較してもらっちゃ困る。お前みたいに、練習場にいるときだけ努力しているわけじゃない。こっちはメシを食っているときも風呂に入っているときも、四六時中卓球のことを考えている。寝る前もベッドの上で卓球のことを考え続けて、夢の中でも卓球をやっているくらいだ」

家に帰ってからも筋力トレーニングに励む。今日やった自分の試合についてノートに記録したり、ほかの選手の試合映像を入念にチェックする。お酒を控え、暴飲暴食せずに節制する。アスリートがタバコを吸うなんて論外です。

ライバルが日々重ねている努力は、あなたの目に見える部分だけではありません。誰も見ていなくても、自分自身を向上させるためにもっと努力する。そういう謙虚な姿勢で、今日から新しい自分に生まれ変わりましょう。

Q12　私も駄目駄目ビジネスマンです。出世競争はあきらめて、プライベートな時間を充実させる生き方もありだと思いますか？

A12　「出世なんてしたくない。固定給だけもらって定年まで勤められればそれでいい」。あなたがそう思っているのであれば、グチグチ文句を言わず、自由に生きればいいと思います。どう生きるかは個人の自由です。

それともあなたは、心の中で「今からでも出世競争に参加したい」と熱意をもっているのですか。ならば「私は駄目駄目ビジネスマンです」なんて自虐的な言い方をせず、今から戦ってみませんか。私ならサボリーマンの誘惑に甘んじることなく、上を目指して挑戦したいです。

厳しい勝負の世界で生きてきた私にも、部屋でボケーッとジグソーパズルを作ることがときどきあります。でもそういう緩慢な時間を過ごすのは、せいぜい1週間が上限です。のほほんと過ごす時間が1週間も続くと、心が空しくなってきます。

自分の心の中に巣食う弱気と戦い、ライバルと競争し、上へ上へと無限に成長していきたい。向上心をもって1日1日を勝負すれば、仕事の張り合いはまるで変わってくるはずです。

Q13　仕事が多忙すぎて、家族との時間を最近おろそかにしています。職場で二番手の人間になってしまったとしても、家族との時間を大切にするべきだと思いますか？

A13　私もずっとあなたのようなタイプでした。試合や海外遠征が一年中ひっきりなしに続き、家族との時間をおろそかにしてきたことは間違いありません。

私にとって、卓球（仕事）も家族との時間も両方大切です。でも仕事の手を抜いてまで、家族との時間を確保しようとは思いません。

私は常に卓球で一番を目指してきました。「二番手でいい」なんて思いません。二番手は絶対に嫌です。私が卓球で一番になるのは、家族が一番望んでいることでもあります。仕事で一番になり、堂々と胸を張って家族が待っている家へ帰る。そういう生き方でいいのではないでしょうか。

Q14

公務員の仕事は手堅いし安定していますが、なんだか仕事も生活も単調でつまらないです。「今ある貯金を元手に、独立・起業しないか？」という誘いを受けました。独立を決断するべきだと思いますか？　それともムチャはやめて安定したままでいるべきでしょうか？

A14

私なら100―0で独立します。

小学生のときに、仕事する親を見て「自分には絶対サラリーマンは無理だな」「スポーツ選手になって、プロの世界で生きていこう」と決めました。毎朝早く起きて、暗くなるまで決まった時間仕事をする。仕事が全部終わってから卓球場へ行く。自分が大人になったとき、そんな生活を続けられる自信がまったくありませんでした。あんなに規則正しく、毎日忙しい生活は、自分にはまず無理だと思ったのです。

スポーツ選手は練習の時間（仕事の時間）を自由に調整できますし、活躍すれば収入もグン！　と増えます。安定した給料を得られるかわりに束縛される人生ではなく、リスクを取って自分の好きなことをやろうと思いました。

私から見ると、卓球選手よりもビジネスマンのほうが何倍もすごいと尊敬します。私が起きる朝8時半過ぎには、皆さんはすでに電車に乗って職場に到着しているわけです。卓球の練習は夜7時以降までやるわけではありませんが、皆さんは職場で遅くまで残業に励みます。

練習に疲れたら、私は2時間くらい平気で昼寝しますが、ビジネスマンの皆さんが職場で長時間昼寝するなんてありえません。水谷はどちらを選ぶかと問われれば、間違いなく組織勤めではなく、フリーランスの生き方を選びます。

リスクを怖れた安定した生き方には、私は小学生の頃から興味がありませんでした。リスクを冒さなければ、ほどほどの安定した人生を過ごせるのでしょう。でも人生は勝負してナンボです。リスクを負うからこそ高みに登れるのですし、誰も達成したことがない大目標を達成できます。

あなたが「単調でつまらない」と感じているのであれば、ぜひ独立・起業してみてはいかがでしょう。

Q15 50歳になったときの自分、60歳になったときの自分、リタイア後のビジョンが何もありません。その日暮らしの刹那的生き方をするのではなく、今から未来予想図を描いておくべきだと思いますか？

A15 10年後、20年後の自分の人生なんて、別に今から想像しなくてもいいと思います。私は今32歳ですが、50歳、60歳のビジョンはまったくありません。人間の気持ちなんて、歳を経るごとに変わっていくものだからです。

人生設計は漠然としていて構わないですし、ましてや老後の心配なんて今からしても仕方ありません。まずは今を完全燃焼することが大事ではないでしょうか。

Q16 私は上司にかわいがられているらしく、プロジェクトリーダーに抜擢されました。突然できた10人の部下と、どう接すればいいかわかりません。こういうとき、何に気をつければいいと思いますか？

A16 10人の部下を、分け隔てなく平等に扱うことが何よりも重要です。Aさんに対しては優しく接するのに、BさんやCさんにはキツく当たる。相手によって、あからさまに態度を変えるべきではありません。

声かけは平等にしましょう。部下と食事に出かけるのであれば、チームの10人全員を誘ってみんなで繰り出す。あるいは数人ずつ小グループで順番に食事に出かけ、最終的に漏れる人がないように配慮するべきです。

個別ＬＩＮＥで仕事の連絡を取るのは、できるだけ控えましょう。グループＬＩＮＥを作り、誰とコミュニケーションを取っているのか、ほかの部下にも可視化したほうがいいと思います。

特定の１人をエコヒイキし、皆を平等に扱わないと、チーム全体の士気に大きく影響するものです。「なんだ。自分はこのチームの中で二番手、三番手扱いなのか」とヘソを曲げる部下が出ないように、チーム全員に同じ土俵に乗ってもらいましょう。

もし10人の部下全員が優秀な人材揃いなのであれば、トップの１人にとりわけ重い負荷を与えて、トップをさらに引き上げるのもいいと思います。すると残り９人の優秀な人材が、トップにつられてさらに奮起するものです。

チーム全体の士気が低下すると、優秀な人材ですら高いパフォーマンスを発揮できません。ふてくされた部下に引きずられて、チーム全体が地盤沈下してしまいます。

プロジェクトリーダーであるあなたは、半径1メートル以内の狭い視野に没入してはいけません。チーム全体を俯瞰し、なおかつ10人全員に細かく目配りを施す「鳥の目」と「虫の目」をもちましょう。

Q17　いわゆる「ブラック企業」に就職してしまいました。朝から晩まで働きづめで、家には眠りに帰るだけです。水谷さんなら、この状況からどうやって脱出しますか？

A17　今すぐ会社を辞めます。辞めずに踏ん張っても、従業員から不当に搾取するおかしなブラック企業が、永続するわけがありません。今すぐ倒産しなくても、ブラック企業はいずれ倒産するでしょう。泥舟に乗ってしまったことは明らかなのですから、できるだけ早く今の会社から逃げ出しましょう。

そもそも私なら、そういうヤバイ企業には就職しません。あなたの質問を根底から覆すようで恐縮ですが、なぜあなたはそんなひどいブラック企業に就職してしまったのでしょうか。就職する前に、そこがブラック企業であることをなぜ見抜けなかったのですか。

かく言う私にも、手痛い失敗談があります。２０１２年のロンドンオリンピックが終わってから少し経った頃、あるスポンサー企業と契約しました。「サインしてください」と言われて契約書をたしかめると、当初打ち合わせしていた金額の半分だったのです。

打ち合わせしていたときは「ヨッシャ！　これでお金をたくさんもらえる。良かった！」と喜んでいたのに、途中から先方に都合が良い数字に話がすり替えられていました。「話が違うじゃないか」と面食らいつつも、面倒くさいのでそのまま半額の契約書にサインしてしまった。これが間違いの源です。納得がいかない契約書になんてサインせず、「話が違うじゃないですか」と食い下がるべきでした。話し合いが決裂すれば、契約を破談にしたって良かったのです。

しかもこの企業は、スポンサー契約から1年ちょっと過ぎた頃に倒産してしまいました。最後のほうは給料が未払いで滞り、社長はどこかに飛んで行方不明になってしまったのです。

この痛い経験をきっかけに、私は慎重な姿勢に変わりました。スポンサーから仕事のお話をいただいたときには、必ずきちんと契約書を交わします。書類にサインする前にはインターネットで企業情報や口コミを細かくチェックし、自分なりにその企業を「身体検査」するようになりました。ちょっとでも「おかしいな」と感じる疑問点があれば、人に頼んでその企業の内情を調べてもらうこともあります。ブラック企業の匂いが少しでも漂っていれば、いくら条件が良くても契約は結びません。

世の中には、顔はニコニコしているのにとんでもなく腹黒い人がいくらでもいます。就職先を決めるとき、大きなお金が動くときといった大事な局面では、性善説ではなく性悪説に立って慎重に相手を吟味しましょう。

Q18　今、流行っている「自分への投資」って、具体的に何をすればいいのでしょう？

A18　何でもいいと思います。単純に、自分がしたいことでいいのではないでしょうか。前からほしかった服や時計、車を買い、それを励みにバリバリ仕事をがんばる。これだって立派な「自分への投資」です。

自分をもっと成長させるために、英会話教室に通い始める。本をたくさん買いこんで濫読する。こういうことにお金を使うのも、素晴らしい自己投資です。

卓球の第一線を引退した今、私が真っ先に「自分への投資」をするならば、ボイストレーニングでしょうか。私は滑舌があまり良くなく、テレビ番組に出演したときに大事なところで言葉を噛んでしまうことがあります。機会があれば、ボイトレに通って滑舌を良くしてみたいものです。

私は物欲がないため、別荘がほしいとか何千万円の高級車を買おうとは思いません。強いて言うと、家族と一緒に旅行に出かけるときには惜しみなくお金を費やし、最上級のリラックスを満喫します。そのおかげで仕事に集中できれば、旅行代なんて安いものです。

自分の欲望を追求するためだけに、お金を無駄に浪費しない。読書やボイトレ、旅行など、自分の仕事にポジティブにつながることには惜しみなくお金を投資する。そうやって使ったお金は、打ち出の小槌のように何倍にもなって返ってくるはずです。

Q19 「後輩と食事に行ったときにはおごってあげないと」と思って、いつも自腹を切っています。そのせいで貯金がほとんどできていません。貯金は必要だと思いますか？

A19 貯金は絶対必要です。私が10代でドイツに渡った頃、貯金なんてカツカツでド貧乏の生活を送っていました。人間、お金があるとないとでは、気持ちの余裕がまったく違います。お金がないと「どうしよう。今月は切り抜けられるかな」と不安が常に頭をチラつき、試合中に心がブレて勝てません。

海外リーグで活躍してたくさん貯金できるようになってからは、お金のことをまったく考えなくなりました。自分が銀行にいくら預けてあるか、金額なんて気にしたこともありませんし、貯金がいくらあるのかすら知りません。ここまで余裕をもてれば、生活面でのことを何も心配せず、卓球だけに全集中できます。

余計な不安が頭の中にあるうちは、あなたも仕事で満足のいく成果を出せないはずです。財布に余裕がないのであれば、見栄を張るのはやめて後輩と食事に行くのはやめましょう。後輩に気前良くおごるのは、貯金ができてからで十分です。

Q20 何もかも嫌になってしまいました。いっそこの場から逃げ出してしまいたいです。何かアドバイスをお願いします。

A20 「キツすぎる」「卓球なんてもうやめたい」と嫌になったことは、私にも何度もあります。「ドイツから日本に帰りたい」「ロシアから日本に帰りたい」なんて、しょっちゅう思っていました。

逃げ出したいほどつらいときは「今日乗り越えたら×××ユーロもらえる」「今日

乗り越えたら△△△ルーブルもらえる」と、日給換算でギャラを計算したものです。「1日こんなにたくさんお金がもらえているんだ。苦しくてもがんばろう」と、数字をその1日ごとに変換して自分を鼓舞しました。

物事をネガティブに考え始めると、人はどんどんネガティブな方向に流れていくものです。バカバカしいこと、くだらないことでも、何でも利用してポジティブに考える。あなたもとりあえず、月給やボーナスを年間稼働日で割り算して「オレは今日2万円も稼いだぜ！」と自分を奮い立たせてみてはどうでしょう。

卓球になぞらえて、もう一言つけ加えます。全日本選手権や世界卓球、オリンピックといった大きな大会の前は、緊張と恐怖心で吐きそうになるものです。「この試合に勝てれば最高だけれど、力を尽くした結果、負けたときの悔しさと悲しみに自分は耐えられるのだろうか」。でもそんなときは、対戦相手も同じ気持ちかもしれません。相手だって、逃げ出したいほどの恐怖心と必死で戦っているのです。

その相手の気持ちを想像して理解し、相手の気持ちに寄り添う。そうすれば心理戦で一枚も二枚も上手になり、試合中に相手の裏をかけます。この場から逃げ出したいほど自分も緊張し、相手も同じくらい緊張している。そのストレスから逃げ出さなかった者が、勝負を制するのです。

ビジネスパーソンの皆さんも同じではないでしょうか。「キツすぎる」「こんな仕事、もうやめたい」とプレッシャーに苛まれているのは、あなただけではありません。マイナス思考のプレッシャーに押しつぶされることなく、プレッシャーやストレスを焚き火に放りこんで燃料にしてしまう。そんなポジティブ・シンキングで、人生の荒波をたくましく乗り切ってください。私もあなたのことを応援しています。

おわりに

目の前でザーザー砂嵐が起きて、視界を容赦なく妨げる。

私の目を襲った原因不明の病について、病名を明かすべきか否か。この本の締め切り直前までおおいに悩んだ。

「ビジュアルスノー」（視界砂嵐症候群）という病名を明らかにすることに何の意義があるだろう。この病は、この1〜2年で提唱されはじめたばかりで、原因も治療法もまったく解明されていない。目に原因があるのか。脳に何らかのバグが起きているのか。はたまた精神疾患の一種なのか。うまく状況を伝えられず苦しんでいる私のことを、奇異の目で見る人もいるだろう。

それでも敢えて、病名を活字に残すことを決めた。私以外にも、この病気のせいで苦しんでいる人がどこかにきっといる。どこの病院を訪ねても打開策が見つからず、「なぜ自分だけがこんな思いをするのか」と日夜苦しんでいるに違いない。あなたは一人ではない。そんな思いで今回勇気をもって告白した。

医学研究者の間では、まだビジュアルスノーのことはあまり認知されていないようだ。自分なりに調べ、英語でも検索したのだが、学術論文の類いがほとんど見つからない。本当にまだまだ未知の病のようなのだ。この本を手に取った医学研究者は、ぜひ論文執筆を検討してみて欲しい。その際、私を研究対象にしてもらってもかまわない。いくらでも協力する。

論文が投稿されれば、世界中の科学者が目を通す。そこから突破口が開け、海外にも散在するビジュアルスノーの患者に光が当たる。世界各地で同時多発的に研究が進めば、必ず解決の糸口が見つかるはずだ。

私はあきらめの人生は送りたくない。この病のせいで卓球界の最前線からは身を引かなくてはならなくなったけれど、病気に心まで打ち負かされたくない。病だけではない。人生はなにが起こるかわからない。それでも「水谷隼はがんばっているじゃないか」と思ってもらえるように生きたいのだ。

今まで応援してきてくれたすべての方に感謝をこめて。

2021年9月　水谷隼

YO 2020

水谷 隼（みずたに・じゅん）
1989年6月9日、静岡県磐田市生まれ。両親の影響で5歳から卓球をはじめ、14歳のときにドイツに単身留学、以後、ブンデスリーガ、中国・超級リーグ、ロシア・プレミアリーグに参戦した。北京、ロンドン、リオ、東京と4大会連続でオリンピックに出場。リオ大会では男子団体銀メダル、シングルス銅メダルを獲得。東京大会の混合ダブルスで日本卓球史上初の金メダル、男子団体も銅メダルを獲得した。著書に『卓球王 水谷隼の勝利の法則』『負ける人は無駄な練習をする』『卓球王 水谷隼 終わりなき戦略』がある。

Twitterアカウント @Mizutani__Jun

打ち返す力 最強のメンタルを手に入れろ

2021年9月24日 第1刷発行

著者 水谷 隼

発行者 鈴木章一

発行所 株式会社講談社
東京都文京区音羽2-12-21 郵便番号112-8001
電話03-5395-3438(編集)
03-5395-4415(販売)
03-5395-3615(業務)

構成 荒井香織

写真提供 水谷隼＋HLBスポーツ(P52、P110、P170)

撮影 村田克己(P194、P228)、アフロ(P84)、共同通信(P134)

印刷所 株式会社新藤慶昌堂

製本所 株式会社国宝社

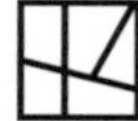
KODANSHA

230p 19cm ISBN978-4-06-526132-3